# KLOPP

## L'hommage du Liverpool FC

Ouvrage original publié sous le titre
*KLOPP: THE LIVERPOOL FC CELEBRATION*
en 2024 par Ebury Spotlight, an imprint of Ebury Publishing.
Ebury Publishing is part of the Penguin Random House group of companies.



Traduit de l'anglais (Royaume-Uni) par Thibaut Geffrotin

Éditions TALENT ÉDITIONS,
115 rue de l'Abbé Groult, 75015 Paris

ISBN : 978-2-37815-421-9

IMPRIM'VERT®

Achevé d'imprimer en octobre 2024 sur les presses de la SEPEC en France
Numéro d'impression : 19387240601

Certifié PEFC
Ce produit est issu de forêts gérées durablement, de sources recyclées et contrôlées
PEFC 10-31-3532
www.pefc-france.org

# KLOPP

## L'hommage du Liverpool FC

Talent Sport

LFC

# SOMMAIRE

LFCTV
YOU
LUV

# PRÉFACE DE JÜRGEN KLOPP

Les saisons que j'ai passées à Liverpool n'auraient pas pu être plus extraordinaires. D'aucuns diront que nous aurions pu remporter davantage de trophées et ils auront raison, car les petits détails ont joué contre nous dans les moments clés plus souvent que nous ne l'aurions souhaité. Mais concernant ce que nous avons accompli, la manière dont nous l'avons fait et ce que ça révèle, je suis absolument certain que cela n'aurait pas pu signifier plus. Je ne dis pas cela pour me vanter, mais pour témoigner d'une période de ma vie que je ne changerais pour rien au monde. Comme le dit la chanson : « C'était le bon temps, mes amis… »

Le fait que Liverpool soit un club incroyable avec des supporters prodigieux n'est pas un scoop. Je le savais bien avant mon arrivée et je n'étais certainement pas le seul à le savoir. Ce que j'ignorais – et ce n'est qu'avec l'expérience et le recul que je peux le reconnaître – c'est à quel point le club est phénoménal et combien les supporters sont incroyables. Le fait d'avoir partagé près de neuf ans avec les deux a été une expérience extraordinaire et un merveilleux privilège. C'était le voyage d'une vie et ce qui l'a rendu encore meilleur, ce sont les personnes avec lesquelles j'ai pu partager ce voyage.

Au premier rang, bien sûr, les joueurs et le staff. Je n'ai jamais caché que j'ai toujours aimé et admiré les footballeurs extrêmement talentueux et, à Liverpool, j'ai eu la chance de travailler avec un grand nombre d'entre eux, qui m'ont fait ressentir des émotions extraordinaires. Ce qu'ils ont accompli et ce que certains d'entre eux accompliront par la suite montre leurs capacités, le travail qu'ils fournissent au quotidien et le soutien qu'ils ont reçu tout au long de leur carrière. C'est un effort collectif auquel prennent part de nombreuses personnes mais, au final, c'est toujours au joueur de franchir les paliers les plus importants et, à cet égard, j'ai eu de la chance de travailler avec tant de joueurs déterminés à les franchir.

Ce faisant, ils n'ont pas seulement fait avancer leur propre carrière, ils ont rendu Liverpool meilleur et plus fort et ils ont joué leur rôle dans une histoire qui n'en devient pas moins captivante lorsqu'elle est racontée à nouveau. Il en va de même pour mon staff. Pas uniquement ceux que vous connaissez peut-être, mais les personnes qui travaillent en amont et celles qui travaillent dans les coulisses. Tous ceux avec qui j'ai partagé ce voyage, trop nombreux pour être cités, mais aussi beaucoup, beaucoup trop importants pour ne pas être reconnus. Et également les propriétaires qui ont créé les conditions permettant à cette période si particulière d'exister.

Il n'y a qu'un seul mot pour décrire leur contribution : immense. Tout ce que nous avons accompli, nous l'avons accompli ensemble. Cela n'a jamais été le travail d'un seul individu, mais celui d'un groupe qui agissait de concert dans le meilleur intérêt

DEWALT
Lucozade
Sport

du Liverpool FC. Sans cela, je sais que nous n'aurions jamais pu obtenir les résultats que nous avons obtenus. Je ne pourrais pas les respecter ou les apprécier davantage. C'est pourquoi je suis si heureux que joueurs et collègues aient été quelques-uns des principaux acteurs de ce projet. C'est leur histoire, c'est notre histoire et c'est aussi la vôtre. C'est à nous de la raconter, de la savourer, de la partager, et c'est pour ces raisons que nous devons la chérir.

J'aime les points de vue différents tout comme, j'en suis sûr tous ceux qui liront ce livre. J'ai les miens et je les ai partagés publiquement pendant les neuf années durant lesquelles j'ai été manager, mais j'ai toujours été conscient qu'il en existait d'autres et qu'il y aurait parfois des désaccords. C'est la beauté du football – nous avons tous le droit d'avoir des points de vue et des opinions dissemblables que nous pouvons présenter de la façon dont nous le souhaitons. Ces joueurs et collègues ne s'en sont peut-être pas rendu compte à ce moment-là parce qu'ils étaient – comment dire ? – trop occupés par d'autres choses, mais également parce qu'en plus de leur rôle d'acteurs, ils en sont aussi les premiers témoins. Il est donc tout à fait logique que leurs souvenirs bénéficient de ce genre de tribune.

J'espère que nous pourrons ainsi ajouter une autre dimension à ce qui est déjà connu. Ayant toujours lu et apprécié les histoires sur le football, passées et présentes et aimé les photographies qui capturent des moments dans le temps, j'étais impatient de voir le résultat et j'espère que vous l'êtes aussi. Une fois de plus, je dois rappeler que cette histoire ne m'appartient pas, mais qu'elle appartient à tous ceux qui ont eu la chance d'y participer d'une manière ou d'une autre. Des supporters dans les tribunes aux joueurs sur le terrain, de l'employé de la billetterie au propriétaire, de l'agent d'entretien au centre d'entraînement au personnel du stade. Chacun d'entre nous doit se l'approprier.

C'est ainsi que je perçois Liverpool et c'est aussi ainsi que je me figure la vie. Quelqu'un doit diriger parce que c'est ce que le monde exige, mais dans la plupart des cas, il n'est que le premier parmi ses pairs. Il faut beaucoup de corps et tout autant de cerveaux pour mettre un club de la taille du Liverpool FC dans la bonne direction. J'ai eu l'honneur de pouvoir jouer mon rôle, mais j'ai toujours su que tout ce que nous avons accompli n'a été possible que grâce aux très nombreux brillants individus qui voulaient aller dans la même direction. Ensemble, nous n'avons peut-être pas toujours pu atteindre notre destination, mais nous avons toujours pu partager un voyage inoubliable tout en remportant des succès et en vivant des moments extraordinaires en cours de route.

Certains voyages sont éternels, et celui-ci en fait partie.

**Vous ne marcherez jamais seuls.**
**Jürgen**

# INTRODUCTION

D'octobre 2015 à mai 2024, les supporters de Liverpool ont vécu une période extraordinaire. Une période qui n'a rien à envier aux plus grandes de l'histoire de ce club.

L'ère Jürgen Klopp a été une montagne russe d'émotions. Huit ans et demi de hauts extraordinaires et de bas épouvantables. Des larmes de joie et des larmes de tristesse. Des fêtes et de la compassion. Mais les bons moments ont été plus nombreux que les mauvais.

L'arrivée de Jürgen en provenance du Borussia Dortmund a suscité une grande excitation et beaucoup d'espoir chez les fans en mal de succès, mais même les plus optimistes des supporters des Reds n'auraient pu imaginer qu'il apporterait autant de trophées et de gloire au club.

Du football *heavy metal* et des joueurs au mental en acier trempé, aux chasseurs de victoires et aux faiseurs d'histoire, Jürgen a non seulement réussi à transformer les sceptiques en fidèles, mais il a également fabriqué des souvenirs qui resteront à jamais gravés dans les mémoires et réalisé les rêves les plus fous de tous.

Ce *Scouser* d'adoption originaire de la Forêt-Noire, en Allemagne, a réunifié le club, restauré la fierté et refait de l'équipe une force conquérante qui a balayé les terrains anglais et étrangers, telle une puissante tornade, et glâné des trophées. Il a ramené Liverpool au plus haut niveau et l'y a maintenu, en disputant régulièrement les plus grandes compétitions et en révolutionnant complètement la façon dont nous percevons le football à Anfield.

Ce livre retrace les moments les plus importants et les plus mémorables de son mandat, notamment les nombreux voyages à travers le continent, les journées à Wembley et les moments où nous n'avons jamais abandonné. Il était difficile de savoir par où commencer ; il y avait tellement d'histoires à raconter. Nous avions l'embarras du choix. Nous avons décidé de nous tourner vers ceux qui le connaissent le mieux pour qu'ils apportent un éclairage supplémentaire.

Plusieurs acteurs importants qui ont travaillé à ses côtés au club, les héros de Liverpool, qui ont joué sous ses ordres et certains de ses plus grands rivaux, évoquent les qualités de Jürgen.

Mike Gordon explique pourquoi Jürgen était l'entraîneur idéal pour Liverpool. James Milner raconte comment l'Allemand a ramené le succès au club. Mo Salah et Virgil van Dijk narrent comment Jürgen les a convaincus de signer pour le club. Jordan Henderson révèle comment le discours de Klopp a inspiré le match retour légendaire de l'équipe contre Barcelone en 2019. Mauricio Pochettino décrit ce qu'il a ressenti face à l'équipe de Jürgen qui est devenue championne d'Europe pour la sixième fois. Roberto Firmino explique comment Jürgen a aidé ses joueurs à remporter le championnat du monde des clubs

**Ci-contre :** En neuf ans à Anfield, Jürgen Klopp a accumulé un nombre impressionnant de trophées.

Emirates

L.F.C.

**Ci-dessus :** Avec en toile de fond la nouvelle tribune principale d'Anfield, Jürgen est photographié aux côtés de Ian Ayre, Linda Pizzuti, John W. Henry, Tom Werner et Mike Gordon en septembre 2016.

pour la première fois. Sir Alex Ferguson évoque le coup de fil qu'il a reçu de Jürgen Klopp au milieu de la nuit après avoir remporté le championnat et mis fin à trente ans d'attente. Pep Lijnders nous raconte ce que c'était que de travailler si étroitement avec Jürgen au quotidien. Ce ne sont là que quelques exemples des souvenirs que vous trouverez dans ce livre qui vous plonge au cœur de l'incroyable aventure de Jürgen à Liverpool.

Avec un peu plus de chance ici et là, nous aurions pu remporter quelques trophées supplémentaires, mais à l'exception de certains résultats, il n'y a pas grand-chose que nous changerions dans un règne managérial qui a entraîné tout le monde dans son sillage depuis le premier jour.

Jürgen a voulu uniquement le meilleur pour le Liverpool Football Club et ses supporters. Jürgen a été un manager à l'écoute des fans qui l'ont adoré comme jamais aucun manager ne l'a été à Anfield depuis l'époque de Bill Shankly. Les comparaisons avec le regretté grand manager écossais sont appropriées. Pour la génération moderne des fans des Reds, Jürgen était, est et sera toujours leur version de Shankly.

Jürgen a marché dans les pas de tant de managers légendaires à Anfield et est parti comme une légende vivante. Un véritable roi du *Kop* qui a presque tout gagné. Il est le seul manager à avoir remporté des trophées dans six compétitions différentes.

Malgré son succès, celui qui s'est autoproclamé le *Normal One* est resté fidèle à ses racines et s'est parfaitement intégré dans cette ville. En tant que *Scouser* d'adoption, il comprenait ce que les gens voulaient, était sensible aux causes locales et se mettait en quatre pour aider chaque fois qu'il le pouvait. Jürgen aimait Liverpool et Liverpool l'aimait. Le lien que nous avons ressenti était loin d'être normal. Il était spécial.

Je pourrais parler des qualités qui le rendent si attachant pendant des heures. Il a été humble, honnête et sa passion a été ressentie à chaque occasion. Les coups de poing dans l'air, les accolades et le sourire radieux étaient authentiques. Ce que vous avez vu de Jürgen, c'est la réalité de Jürgen.

Les lunettes, la barbe et la casquette de base-ball resteront à jamais les symboles emblématiques d'une période remarquable de notre vie. Sans oublier, bien sûr, les trophées.

Jürgen Klopp nous manquera beaucoup, mais nous ne l'oublierons jamais. Ce livre est une commémoration de ses huit saisons et demie à Liverpool, une histoire que nous ne nous lasserons jamais de raconter.

**Ci-dessus :** La popularité de Jürgen ne connaît pas de limites. Sa nomination au poste de manager est l'une des décisions les plus importantes de l'histoire du club.

# LE « NORMAL ONE »

## 2015–2016

« Jürgen et moi nous sommes mis d'accord lors de notre toute première conversation téléphonique. Au moment où j'ai raccroché, il était évident que c'était le bon manager. Nous avons organisé une réunion à New York. Nous avons eu une longue discussion tard dans la nuit puis une autre le lendemain, et il est devenu encore plus évident que Jürgen était le choix idéal. Avec huit trophées en neuf ans, il a aidé le club à atteindre de nouveaux sommets dans une institution connue pour ses nombreux exploits. Son impact n'a pas seulement été défini par son incroyable *leadership* au sein de notre équipe, mais aussi par sa compassion sincère et son humanité en dehors du terrain. Il a joué un rôle déterminant en nous aidant à construire quelque chose d'extraordinaire et de durable à Liverpool, ce qui lui vaudra toujours notre gratitude la plus sincère et notre amitié durable. »

**MIKE GORDON,**
PRÉSIDENT FENWAY SPORTS GROUP

# BIENVENUE À ANFIELD

**Première conférence de presse de Jürgen**

Anfield, vendredi 9 octobre 2015… Le début d'un nouveau chapitre de l'illustre histoire du Liverpool FC.

Au cours des six derniers jours, une seule histoire a dominé les gros titres du football et elle concernait le poste de manager, ici, à Liverpool.

La veille au soir, après plusieurs jours de spéculation suite à la démission de Brendan Rodgers, le site officiel du club a confirmé que l'Allemand Jürgen Norbert Klopp, 48 ans, prendrait la relève.

Après avoir atterri à l'aéroport John Lennon à bord d'un avion privé en provenance de Dortmund, un vol suivi sur Internet par plus de trente-cinq mille personnes, Klopp a signé son contrat au Hope Street Hotel, en présence du président du club, Tom Werner, et du directeur général, Ian Ayre.

L'ancien entraîneur de Mayence 05 et du Borussia Dortmund était depuis longtemps pressenti pour prendre les rênes du club. Si l'annonce n'a pas été une grande surprise, l'enthousiasme et l'intérêt qu'elle a suscités sont sans précédent.

Pour la moitié rouge de la ville et les millions de supporters de Liverpool dans le monde entier, c'est comme si Noël était arrivé deux mois avant l'heure. D'après ce qu'ils avaient déjà vu et savaient de lui, Klopp semblait être le candidat le plus naturel pour le poste et c'était le manager que les gens voulaient depuis l'annonce du départ du précédent.

**Ci-dessus :** Jürgen s'adresse aux médias lors de sa conférence de presse de présentation.

Plus important encore, il a également coché toutes les cases sur les listes de contrôle des personnes chargées de trouver l'homme idéal pour réveiller le géant endormi qu'était le Liverpool FC.

Dix-huit mois après avoir manqué d'un rien de remporter le titre, des nuages sombres s'amoncellent à nouveau au-dessus du célèbre stade du Liverpool FC.

Les anciens rois incontestés du football anglais et européen végétaient dans l'ombre depuis bien trop longtemps. Plusieurs prétendus messies s'étant succédé à la tête du club sans parvenir à refaire des Reds l'irrésistible force conquérante qu'ils étaient autrefois.

Dans un club de la stature de Liverpool, les attentes sont importantes. Après un mauvais début de saison 2015-2016, l'équipe se morfondait à la dixième place et Rodgers est devenu la dernière victime de l'équipe dirigeante.

Klopp pourrait-il être l'homme capable de renverser cette tendance, de restaurer la fierté et de ramener le club là où tous les supporters pensent qu'il doit se trouver ?

Ses résultats à Dortmund, où il avait fait chuter de son trône le géant de la Bundesliga, le Bayern Munich, expliquent certainement le regain d'optimisme qui s'est soudainement répandu autour d'Anfield. Le sourire est revenu sur les visages des supporters de Liverpool qui se pressèrent en nombre devant les Shankly Gates, attendant avec impatience de savoir comment il comptait s'y prendre pour que le club retrouve son lustre d'antan.

Le football de club était en pleine pause internationale, les médias du monde entier ont fait le déplacement jusqu'à Liverpool pour assister à la présentation officielle de Jürgen. C'était la conférence de presse la plus attendue depuis des années. Dans les entrailles de ce qui est aujourd'hui la Sir Kenny Dalglish Stand, les journalistes s'entassent dans le « Reds Lounge », où l'espace est compté.

Plus l'heure prévue pour le début de la présentation approche, plus l'impatience grandit. Les caméramen se bousculent pour obtenir le meilleur angle, les journalistes peaufinent leur liste de questions. Les spéculations allaient bon train dans la salle, jusqu'à ce que le silence s'installe et que le principal intéressé entre dans l'arène.

Vêtu d'une chemise et d'un blazer sombres, d'un jean retroussé et de bottines Chelsea en cuir, Klopp dégage immédiatement une impression de confiance. Reposé par une pause de quatre mois après ces sept années d'intense « *heavy metal gegenpressing* » dans la vallée de la Ruhr, il apparaît complètement détendu et affiche volontiers son fameux sourire radieux devant les caméras qui s'efforcent de capter ses moindres gestes.

**Ci-contre :** Pour se familiariser avec son nouvel environnement, Jürgen touche le fameux panneau « *This Is Anfield* ».

Pendant que Matt McCann, le chef de presse du club, remercie les journalistes d'être venus si nombreux, Klopp prend place à la table d'honneur aux côtés de Ian Ayre. McCann cède ensuite la parole à Peter McDowall, speaker d'Anfield et présentateur de la chaîne de télévision interne du club, LFCTV, qu'ouvre les débats.

THIS IS
LIVER POOL
FOOTBALL CLUB
ANFIELD

« Bonjour, Jürgen. Bienvenue au Liverpool Football Club. Qu'est-ce qui vous a poussé à relever ce défi ? Comment vous sentez-vous ? » Bien que ce ne soit pas nécessaire, Klopp s'excuse d'abord pour son anglais, avant de se lancer dans une offensive de charme non planifiée mais parfaitement réussie.

« C'est un grand honneur d'être dans l'un des plus grands clubs du monde, déclare-t-il avec audace. Je me sens très fier. Je suis impatient de découvrir l'intensité du football et la façon dont les gens vivent le football à Liverpool. C'est un club particulier. Je ne suis pas un rêveur, mais je suis un romantique du football. J'aime les histoires et Anfield est l'un des plus beaux endroits dans le monde du football. »

Le nouveau patron fait mouche dès le départ, et ce n'est que le commencement. Tous ceux qui avaient des doutes sur ses compétences pour le poste – et ils n'étaient pas nombreux – étaient déjà conquis, sa personnalité pétillante à la joie contagieuse impressionnant même les employés les plus endurcis.

Tout au long des vingt-six minutes que dure l'entretien, M. Klopp répète qu'il se sent « chanceux » d'être le nouvel entraîneur de Liverpool, mais il fait également preuve d'un peu plus de gravité lorsque cela s'avère nécessaire. Il évoque ouvertement et honnêtement sa vie et sa carrière, la tâche qui l'attend et les légendes qui l'ont précédé à la tête du club.

« Je ne me compare pas à ces génies de l'histoire de Liverpool, ajoute-t-il. Aucun de ces managers n'a dit qu'il voulait devenir une légende à son arrivée. C'est un grand club parce que de nombreuses bonnes décisions ont été prises dans le passé. Maintenant, nous devons travailler dans le présent. Je ne vis pas dans le passé. L'histoire n'est qu'une base pour nous. Vous ne pouvez pas la porter dans votre sac à dos tous les jours. Je veux voir les premiers pas la semaine prochaine, mais il ne faut pas toujours comparer. Être à 100 % dans le moment présent est le seul moyen de s'améliorer. »

Interrogé sur ce que les supporters pouvaient attendre de son équipe, le nouvel homme à la barre promet un « football joué pied au plancher » et prédit avec confiance un trophée d'ici à quatre ans, tout en insistant sur la nécessité de faire preuve de patience et de croire en ce projet.

« C'est le bon moment pour repartir à zéro, c'est certain, mais il est important que nous jouions notre propre jeu, que les joueurs sentent la confiance des supporters. Ils doivent être persuadés qu'ils peuvent répondre aux attentes de tout le monde. Nous devons passer du stade de sceptiques à celui de croyants. C'est très important. Nous pourrons réussir avec notre propre méthode, une méthode propre à la culture de cette ville.

À mon départ de Dortmund, j'ai déclaré : "Ce qui compte, ce n'est pas ce que les gens disent quand vous arrivez, c'est ce qu'ils pensent lorsque vous partez." Aujourd'hui, je dis : "S'il vous plaît, laissez-nous le temps de travailler, soyez patients. Cette journée pourrait être à marquer d'une pierre blanche." »

Mais c'est une phrase glissée au milieu de cette première conférence de presse à Anfield qui va définir son arrivée en tant qu'entraîneur de Liverpool, une citation prononcée avec une innocence involontaire mais qui est depuis passée dans le folklore du *Kop* et qui a même inspiré une nouvelle gamme de produits dérivés officiels du club.

**Ci-dessus :** Le nouveau *boss* découvre le vestiaire d'Anfield.

À l'origine, une question sur sa popularité et sur la manière dont il se décrirait par rapport à la célèbre déclaration de José Mourinho, alors entraîneur de Chelsea, selon laquelle il était le *Special One*. Après avoir écouté attentivement ce que le journaliste avait à dire, Klopp hoche la tête de gauche à droite et rit de bon cœur.

« Je ne veux pas me décrire. Est-ce que quelqu'un dans cette salle pense que je peux faire des merveilles ? Non. Alors laissez-moi travailler. Je ne vais pas me définir comme quoi que ce soit. Je suis un homme tout à fait normal. Je viens de la Forêt-Noire. Ma mère est peut-être assise devant la télévision en train de regarder cette conférence de presse à la maison et n'a rien compris jusqu'à présent… mais elle sera très fière. Je suis un homme normal. *Le Normal One*. Si vous devez me trouver un surnom, choisissez celui-là. »

Des rires tonitruants envahissent la salle. Pour la presse, c'est de l'or en barre et, parmi une litanie d'extraits sonores inestimables, la citation la plus marquante qui va se répandre comme une traînée de poudre dans le monde entier, faisant la une des journaux, de la télévision et de la toile.

Le *Normal One* est bel et bien là et ce jour est désormais ancré dans les annales de l'histoire de Liverpool. Cinquante-six ans après Bill Shankly, Jürgen Klopp est arrivé à Anfield comme une bouffée d'air frais et a fait vibrer les Reds. Les comparaisons avec Shankly ne se sont pas arrêtées là et, au cours des huit années et demie qui ont suivi, cette brise s'est transformée en tourbillon.

# UNE NOUVELLE ÈRE

**Tottenham Hotspur - Liverpool | Premier League, 17 octobre 2015**

White Hart Lane est le théâtre du premier match de Jürgen Klopp en tant qu'entraîneur de Liverpool et c'est James Milner qui a eu l'honneur d'être le capitaine de l'équipe pour cette occasion historique.

Recruté cet été en provenance de Manchester City, club avec lequel il a remporté deux championnats, l'expérimenté Milner avait récemment été nommé vice-capitaine par Brendan Rodgers, et porte le brassard en l'absence de Jordan Henderson, blessé.

Neuf jours se sont écoulés depuis la nomination de Klopp, mais le battage médiatique qui l'entoure n'a fait que s'intensifier. Tous les yeux, ainsi que les caméras de télévision, sont venus voir comment l'équipe va se comporter sous ses ordres, pour la première fois.

Ce jour-là, le onze ne compte que deux changements par rapport à celui qui a débuté le dernier match de Liverpool et le premier choix difficile du règne de Klopp est celui du *leader* de l'attaque. Danny Ings s'est blessé au genou en début de semaine, ses comparses Christian Benteke et Roberto Firmino sont indisponibles et Daniel Sturridge a déclaré forfait le matin du match. Divock Origi fait donc ses grands débuts en championnat.

Mais, Klopp est impatient. Interrogé juste avant le coup d'envoi, il évoque un sentiment d'excitation et de pression, mais aussi d'opportunité. Néanmoins, le match face à une équipe des Spurs qui n'a pas perdu depuis la première journée s'annonce difficile.

**Ci-dessus :** James Milner donne le tempo lors du premier match de Jürgen.

**En bas à droite :** Alberto Moreno suit à la lettre les consignes du nouveau manager..

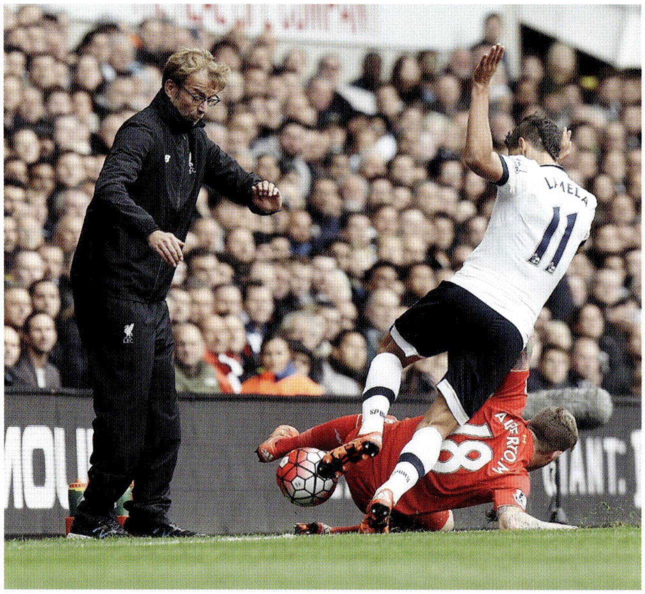

Le match nul et vierge qui s'est ensuivi a pu être considéré comme une déception par certains, mais pas par le nouveau boss. « Ce n'est pas le résultat dont je rêvais, mais ça va. Je suis heureux parce que j'ai vu beaucoup de bonnes choses dans mon équipe aujourd'hui. Nous avons effectué un bon pressing et nous avons fait preuve d'aggressivité. Nous allons nous améliorer, mais après trois jours de travail avec les joueurs, je suis complétement satisfait. »

Origi a vu sa tête repoussée par la barre en début de match, mais les occasions de but pour Liverpool ont été rares. Les joueurs et le *staff*, à la fin du match, avaient plus le sentiment d'avoir pris un point que d'en avoir perdu deux. La désignation du gardien Simon Mignolet comme homme du match par de nombreux experts montre que Liverpool a beaucoup subi, mais les Reds ont su résister à la pression et ont tout donné. Klopp avait insisté auprès de ses joueurs sur la nécessité de faire davantage d'efforts. Message reçu cinq sur cinq. Les joueurs alignés ont parcouru une plus grande distance que lors des matchs précédents (116 kilomètres).

Sur le banc de touche, les gestes de Klopp reflètent les efforts de ses joueurs. Il n'a pas tenu en place pendant les quatre-vingt-dix minutes, une caractéristique qui deviendrait bientôt sa marque de fabrique à chaque match de Liverpool.

L'effet galvanisant de sa nomination est déjà évident et s'étend à l'humeur des supporters. Les trois mille fans qui ont fait le long voyage vers le sud pour cette rencontre disputée à midi ont chanté du début à la fin et agité des drapeaux allemands en son honneur, et, une banderole faisait d'ailleurs écho à sa première conférence de presse « *We Believe* » (Nous y croyons).

Au coup de sifflet final, Klopp entra sur le terrain pour embrasser ses joueurs et saluer les supporters. Une nouvelle ère venait de s'ouvrir officiellement.

**Ci-dessus à gauche :** En déplacement, les Reds affichent leur soutien au nouveau *boss*.

**En haut à droite :** Une nouvelle ère s'ouvre et les caméras suivent pas à pas le manager allemand.

**Page suivante :** James Milner et Danny Rose dans le feu de l'action à White Hart Lane.

« Dès son premier jour ici, il a tout de suite compris ce qu'il voulait. C'était du football *heavy metal* à mille à l'heure et le rythme contre les Spurs était ridiculement élevé, totalement différent de ce à quoi nous étions habitués. Tout le monde avait du mal à suivre le rythme du jeu, mais il hurlait constamment des encouragements depuis la ligne de touche, et c'est ainsi que les choses allaient se passer à partir de ce moment-là. "Nous devons créer notre propre histoire", disait-il, et c'est ce que nous allions faire. Il avait de la vision, et ensemble nous allions faire un voyage. J'ai eu des hauts et des bas, mais aussi des moments particuliers. Ce que vous avez vu de Jürgen, c'est ce qu'il était, il n'y avait pas d'autre facette de sa personnalité. De ses fameuses accolades à la façon dont il jugeait avec expertise les récits de match, c'était génial de jouer pour un manager comme lui. »

**JAMES MILNER,**
LIVERPOOL FC, 2015-2023

AIA
L.F.C.

# L'ENVOL

**Chelsea - Liverpool | Premier League, 31 octobre 2015**

Présenté par la presse comme l'affrontement entre le *Special One* et le *Normal One*. Le vieux maître contre le nouveau prétendant. José Mourinho et Jürgen Klopp se rencontraient pour la première fois en Premier League.

En réalité, s'il n'y avait pas eu les managers, il ne s'agissait que d'un match entre deux équipes relativement médiocres, dont aucune ne pouvait prétendre au titre. Mais ces deux clubs et leurs entraîneurs respectifs se trouvent à des extrémités différentes et dans des directions opposées. C'est là que réside l'intrigue.

Klopp n'est en poste que depuis trois semaines et n'a disputé que deux matchs en Premier League, alors que Mourinho, qui a remporté trois fois le championnat, est l'entraîneur le plus titré de sa génération. Pourtant, après un début de saison catastrophique, il se retrouve au bord du gouffre à Stamford Bridge.

Il est encore trop tôt pour juger de l'impact de Klopp à Liverpool. L'amélioration de l'ambiance au sein du club est évidente, mais il faut reconnaître que les débuts n'ont pas été les meilleurs en termes de résultats : ses quatre premiers matchs se sont soldés par trois nuls et une victoire, contre Bournemouth en Coupe de la Ligue.

Lorsque Ramires ouvre le score pour Chelsea après seulement quatre minutes, un nouvel après-midi de frustration semble se dessiner. Mais au fur et à mesure que la mi-temps avance, Liverpool prend l'ascendant sur le match. À l'approche de la pause, les Reds sont les plus menaçants.

Les hôtes défendent désespérément et s'accrochent jusqu'au coup de sifflet de la mi-temps. Mourinho attend la fin de la mi-temps au bord du tunnel lorsque Philippe Coutinho égalise de manière méritée.

L'issue du match reste sur un fil pendant une bonne partie de la seconde période. Les esprits s'échauffent parfois, jusqu'à ce qu'un remplacement inspiré de Klopp fasse pencher la balance en faveur de Liverpool.

Sentant le match s'ouvrir, l'entraîneur allemand tente un pari. Pour la première fois depuis qu'il a pris les rênes de l'équipe, il opère un changement qui n'est pas du « poste pour poste ». Il fait entrer l'attaquant Christian Benteke à la place de James Milner, plus défensif, et commence immédiatement à faire sentir sa présence imposante. À la soixante-quatorzième minute, sa puissance aérienne lui permet de dévier le ballon vers Coutinho, qui signe un doublé d'une frappe déviée dans les filets.

À huit minutes de la fin, Benteke scelle la victoire d'un coup de canon, bien aidé par son compatriote Jordon Ibe.

Ce but vint couronner une excellente performance de Liverpool, sans doute la meilleure sous la houlette de Klopp. « Parfois, il faut travailler très, très dur pour que le football paraisse facile. C'est ce que nous avons fait aujourd'hui », déclara l'entraîneur à l'issue de la rencontre.

Pour Mourinho qui a si souvent été le bourreau de Liverpool par le passé, ce fut un spectacle d'horreur digne d'Halloween. La fin était proche pour lui : il sera démis de ses fonctions six semaines plus tard.

Après quelques faux départs, c'est ce jour-là que Jürgen Klopp s'est réellement imposé en Premier League. Chelsea n'était peut-être plus la force qu'il avait été en 2014-2015, mais Liverpool a remporté une victoire éclatante contre les champions en titre, la première de Klopp loin d'Anfield et sa première en Premier League.

**Ci-dessus :** Jürgen Klopp et José Mourinho le long de la ligne de touche de Stamford Bridge.

**Page suivante :** Les joueurs célèbrent le but de Christian Benteke.

« Je savais ce que Jürgen avait fait au Borussia Dortmund et à Mayence. Nous savions donc qu'un bon manager arrivait au club. C'était manifestement un grand personnage, capable de travailler avec les joueurs, de les préparer pour les matchs et de les motiver, et il a tout de suite fait la différence. Il était très bon tactiquement et il était clair que c'est un gagnant. Il le montrait tous les jours à l'entraînement et les jours de match, on le voyait dans son émotion sur la ligne de touche. Tout s'est enchaîné – lui, les joueurs, les supporters – et le résultat à Chelsea était un signe avant-coureur de ce qui nous attendait. Malheureusement pour moi, je n'ai joué qu'un an sous ses ordres, mais en tant que supporter, je suis heureux qu'il ait rejoint le club parce que les trophées ont fini par pleuvoir et c'est ce que tout le monde attendait à Liverpool. »

**MARTIN SKRTEL,**
LIVERPOOL FC, 2008–2016

COUTINHO
10
9
L.F.C.

# COMMUNION AVEC LE KOP

**Liverpool - West Bromwich Albion | Premier League, 13 décembre 2015**

L'origine de ce moment désormais fondateur remonte aux événements survenus vers la fin du match à domicile contre Crystal Palace, un mois plus tôt.

Le 8 novembre 2015, alors que Liverpool est mené 2-1 et que l'action s'essouffle, des soupirs de déception retentissent à Anfield. Jürgen Klopp cherche le soutien des supporters derrière lui dans la tribune principale, mais il est choqué de les voir partir sans attendre la fin de la rencontre. Il n'hésite pas à faire part de ses sentiments.

C'était sa première défaite en tant qu'entraîneur de Liverpool et il admettra après coup : « Je me suis senti assez seul à ce moment-là. »

Les quatre victoires consécutives de Liverpool, dont un retentissant 4-1 contre Manchester City, à l'Etihad, ont fait beaucoup pour remonter le moral des troupes. Mais, ces premiers mois du mandat de Klopp à Liverpool sont restés marqués par l'inconstance.

**Ci-dessous :** Jordan Henderson célèbre avec Adam Lallana après l'ouverture du score contre West Brom.

En décembre, l'équipe reçoit West Brom à Anfield après deux résultats en demi-teinte à l'extérieur : une défaite à Newcastle et un match nul et vierge concédé face au FC Sion en Ligue Europa.

Lorsque le capitaine Jordan Henderson, de retour de blessure, ouvre le score pour Liverpool à la vingt-et-unième minute, les supporters espèrent que cela marque un nouveau départ, mais West Brom réplique en marquant deux buts : le premier avant la mi-temps, l'autre juste après.

La grogne des tribunes menace de refaire surface. Sur le terrain, les tensions sont vives. Klopp lui-même s'est pris le bec avec son homologue Tony Pulis au bord du terrain.

Alors que son équipe se dirige vers une deuxième défaite consécutive en championnat, Klopp lève les bras pour exhorter le public à augmenter le volume. Cette fois, tout le monde répond présent. Personne n'a osé partir avant la fin et tout le monde donne de la voix.

Liverpool ne parvient toujours pas à égaliser. L'assaut du but d'Albion se poursuit dans les arrêts de jeu et, finalement, à la quatre-vingt-seizième minute, les Reds

**Ci-dessous :** Le *supersub* Divock Origi arrache un point pour les Reds grâce à son égalisation tardive.

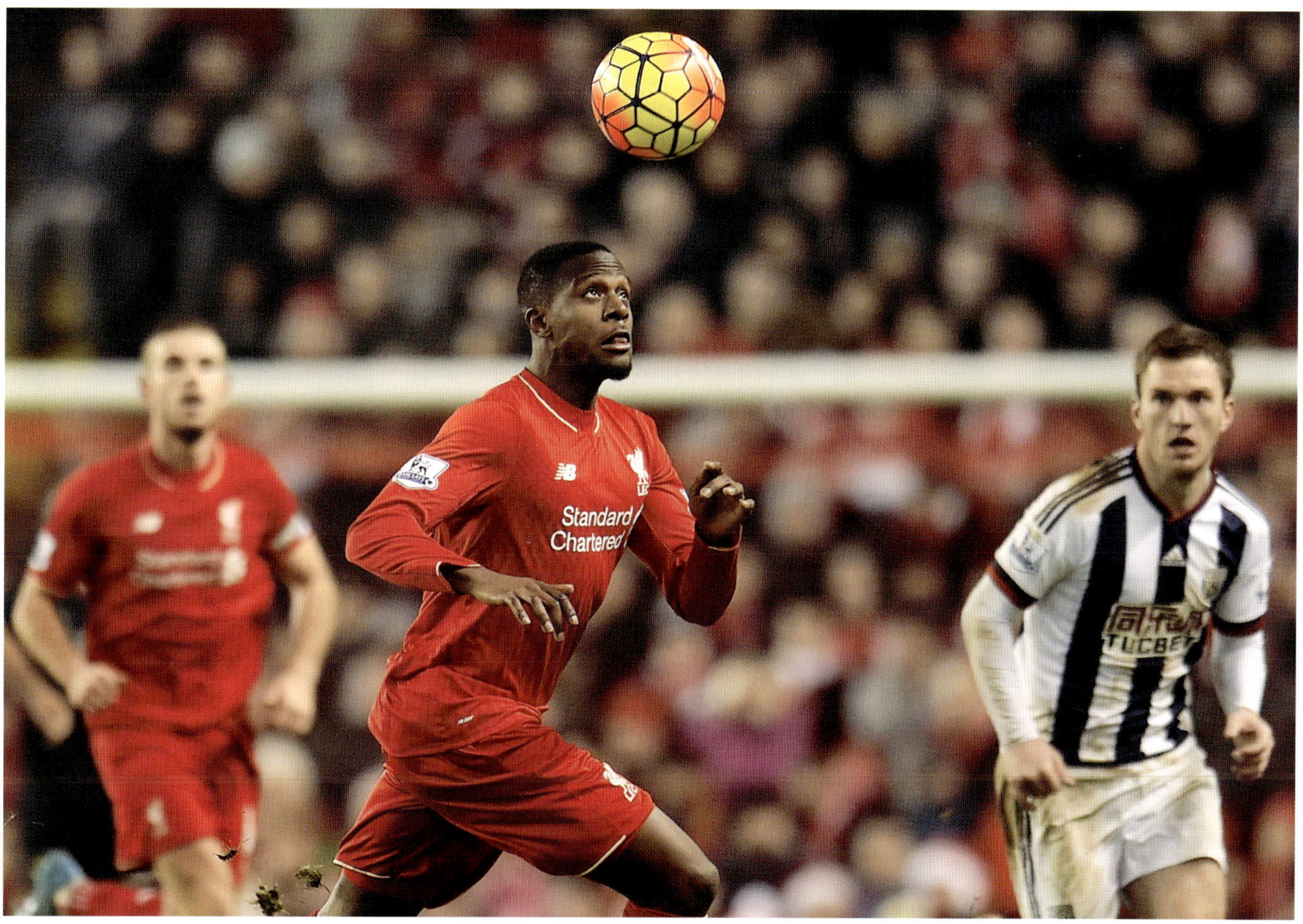

« Lorsque Klopp est arrivé, il m'a repositionné dans l'axe du milieu de terrain. Cela a tout changé pour moi. Il s'est montré tout de suite très exigeant. Chaque fois que l'un de nous arrivait en retard à la retombée d'un deuxième ballon, il hurlait, et au suivant, le joueur faisait tous les efforts nécessaires pour être exactement à la retombée. Il m'a appris qu'il faut travailler dur pour obtenir des résultats. Tout le monde doit courir, répétait-il. Ces années ont été extrêmement importantes pour mon développement personnel et professionnel. Il a changé beaucoup de choses au club. Et il a reconnu l'importance des supporters dans les résultats. Après le nul concédé à domicile contre West Brom, il nous a rassemblés devant le Kop pour les saluer. Ce fut un moment déterminant qui a montré qu'il était un manager unique et que c'était très important à ses yeux. Il a construit une équipe fantastique, et je lui serai toujours reconnaissant de tout ce qu'il m'a apporté. »

**EMRE CAN,**
LIVERPOOL FC, 2014–2018

sont récompensés. Un tir – de loin – du remplaçant Divock Origi est dévié et finit sa course au fond des filets.

Les scènes de liesse dépassent largement ce que l'on peut attendre pour un match à domicile face à West Brom. Klopp ne peut contenir ni sa joie ni ses émotions. Pour lui, c'est bien plus que cela. C'est la preuve de ce que l'on peut faire avec la puissance du public qui soutient pleinement l'équipe. À la fin du match, il réunit tous les joueurs et les emmène devant le *Kop*, et, à l'unisson, les bras liés, tous saluent les supporters qui les ont aidés à franchir la ligne d'arrivée.

« Je sais que ce n'est qu'un point, mais j'ai eu l'impression d'en avoir trois », lâche-t-il. « Ce moment a été une explosion, c'est le meilleur que j'ai ressenti depuis que je suis ici. Parfois, un point mérité de la bonne manière est plus important. J'ai vraiment apprécié ce match. J'ai profité de l'ambiance avec tout mon corps. »

Les observateurs extérieurs peuvent se moquer, mais Klopp n'a pas seulement rétabli le lien unique qui a toujours existé entre l'équipe de Liverpool et ses supporters, il l'a renforcé.

**Ci-dessus :** À Anfield, le milieu de terrain allemand Emre Can en action contre West Brom.

**Page suivante :** Jürgen et ses joueurs remercient le *kop*.

Standard Chartered

Standard Chartered
18
14
37
23
2
22

# CHAOS ET COMÉDIE À CARROW ROAD

**Norwich City - Liverpool | Premier League, 23 janvier 2016**

Si le talent et les aptitudes naturelles sont des éléments clés dans la construction d'une équipe de football performante, les attributs moins prestigieux que sont le travail incessant et la volonté insatiable de gagner ne peuvent jamais être surestimés. C'est sur ces bases que Jürgen Klopp a entrepris de bâtir son empire à Anfield.

À l'aube de l'année 2016, le bilan du travail accompli jusqu'alors par Klopp est mitigé. Il a insufflé un nouvel esprit de solidarité au sein de l'équipe, qui a gagné plus qu'elle n'a perdu, mais les résultats restent incertains. Fin décembre, Liverpool avait battu Leicester, le futur champion, avant de passer très près d'une humiliante élimination en Cup contre Exeter City, un club de League Two, avec un onze certes fortement remanié.

**Ci-dessous :** Roberto Firmino, auteur de deux buts des Reds à Carrow Road.

Tous ceux qui s'interrogeaient sur le véritable niveau du Liverpool de Klopp ont eu l'occasion de se poser mille questions lors de ce fol après-midi de buts en Est-Anglie.

Lorsque Roberto Firmino ouvre le score à la dix-huitième minute, rien ne laisse présager la folie qui s'annonce, mais la sonnette d'alarme retentit une première fois lorsqu'une erreur de placement de la défense fait perdre ce premier avantage.

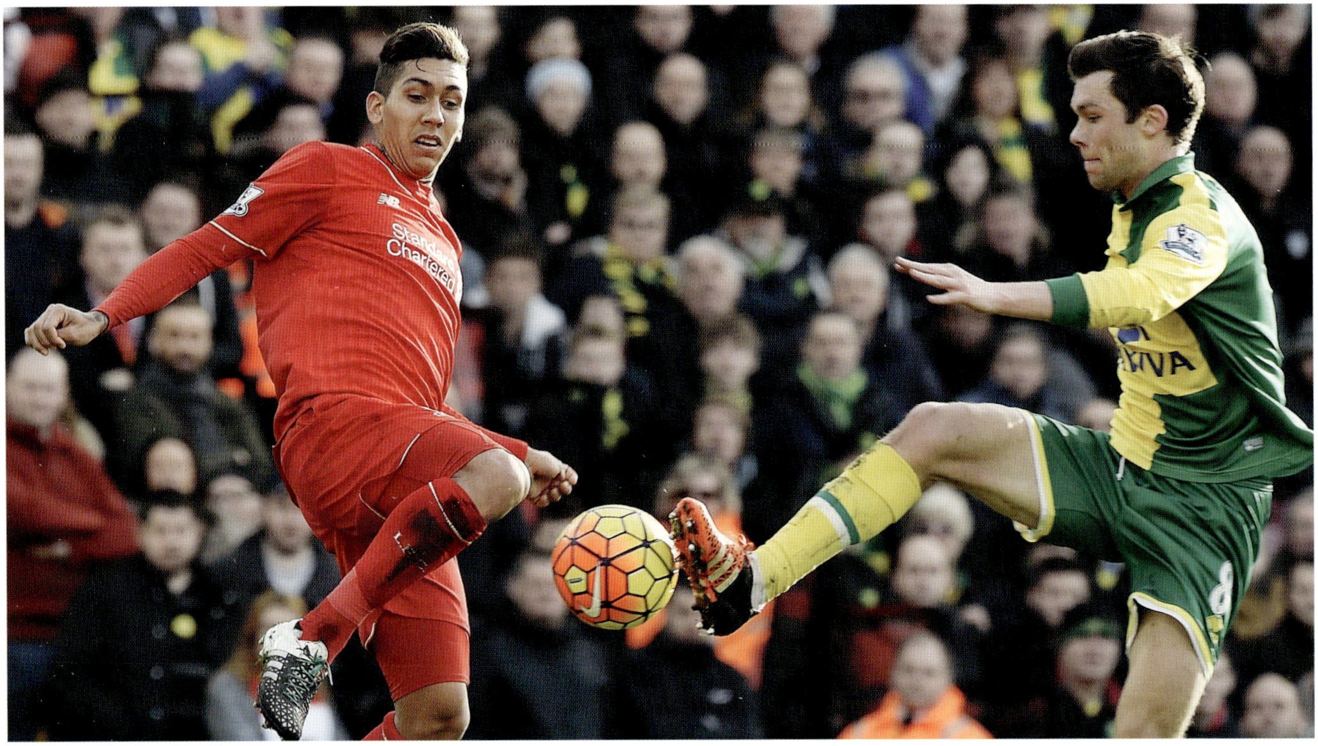

Liverpool commet trop d'erreurs sur les coups de pied arrêtés défensifs. Des lacunes qui ont beaucoup coûté lors de trois de ses derniers matchs. Plus de 40 % des buts encaissés en championnat cette saison l'ont été sur des coups de pied arrêtés. Liverpool détient le record du plus grand nombre de buts encaissés sur corner.

« C'est comme une prophétie autoréalisatrice », regrette Klopp. « Tout le monde en parle, nous y pensons. Ce n'est pas très difficile. Nous savons comment défendre, mais nous devons le faire. »

À la cinquante-quatrième minute, le match bascule complètement, Norwich se détache : 3-1. Depuis 1992, Liverpool n'a remonté qu'à deux reprises un déficit de deux buts en championnat pour s'imposer. La perspective de ramener un point semble désormais bien mince.

C'est dans ces moments-là qu'il faut faire preuve de caractère et, heureusement, l'équipe de Klopp le montre en abondance. Le manager refuse de croire à la défaite de son équipe et cela transparaît sur le terrain. D'autres s'effondreraient sur le banc, mais le boss des Reds arpente frénétiquement la ligne de touche, en faisant de grands gestes et en hurlant des mots d'encouragement à ses joueurs. Une improbable remontée s'ensuit, Jordan Henderson, Firmino (encore lui) et James Milner marquent tous les trois pour faire basculer le score en faveur de Liverpool.

Travail terminé ? Pas tout à fait. Les Canaris chantent à nouveau et, au grand désespoir de Klopp, égalisent à la quatre-vingt-douzième minute. Pour la plupart des

**Ci-dessous :** Adam Lallana inscrit le but de la victoire en fin de match contre Norwich.

**Ci-dessus :** Scènes de liesse quand Jürgen Klopp se retrouve au cœur des célébrations avec ses joueurs.

managers, cela aurait été le signal pour s'asseoir et accepter un point, mais il reste un dernier acte à accomplir.

À quelques secondes de la fin, un dernier ballon long dans la surface de Norwich trouve Adam Lallana, qui arrache la victoire d'une volée du gauche. Presque miraculeux ! Le buteur enlève son maillot pour fêter le but et se précipite vers le banc de touche, Klopp est déjà en train de sprinter pour le rejoindre. Au milieu de la joyeuse mêlée qui s'ensuit, le manager perd ses lunettes. La scène est assez comique. « J'en ai une deuxième paire, mais je ne la trouve pas. C'est vraiment difficile de chercher des lunettes sans lunettes », plaisante l'Allemand.

Les extravagantes célébrations, à chaud, ressemblent davantage à une victoire en finale de coupe, mais Klopp ne sait que trop bien que le but de Lallana a, en fait, seulement permis de dissimuler les fissures d'un projet qui n'en est encore qu'au stade de l'élaboration. Cette rencontre a mis en lumière le meilleur et le pire de cette équipe de Liverpool. « C'est la vie », acquiesce le manager. « On résout un problème et il en survient un autre. »

« J'étais très heureux que Jürgen devienne notre entraîneur. Il s'est présenté comme le *Normal One* à son arrivée, mais il avait beaucoup plus de charisme pour cela. Les attentes étaient énormes à Liverpool, mais il nous a tous libérés de la pression à son arrivée. Il avait les épaules pour gérer la pression à laquelle est soumis le manager de Liverpool. Il était conscient du poids de cet écusson. Cette rencontre a marqué un tournant. Le match a eu lieu au tout début de son mandat. Il a provoqué des scènes de joie complètement dingues pendant lesquelles les lunettes de Jürgen ont été cassées, mais, heureusement, il ne m'en a jamais tenu rigueur ! Il a ramené le succès au club et je suis heureux d'avoir eu la chance d'y participer. Tout ce que nous avons accompli, c'est grâce à lui, à son génie et à son aura. Aucun manager normal n'aurait pu faire ce qu'il a fait. Son héritage restera à jamais gravé dans nos mémoires. »

**ADAM LALLANA,**
LIVERPOOL FC, 2014–2020

# LE BLUES DE WEMBLEY

**Liverpool - Manchester City | Finale de la Coupe de la Ligue, 28 février 2016**

Peu de managers ont conduit leur équipe en finale à Wembley moins de cinq mois après leur entrée en fonction. Jürgen Klopp est l'un d'eux.

Après le match à rebondissements à Norwich et ses neuf buts, les résultats des Reds continuèrent de manquer de régularité. Une série de six matchs sans victoire a été interrompue par une victoire 6-0 à Aston Villa, et la qualification pour les huitièmes de finale de la Ligue Europa grâce à deux victoires, à l'aller et au retour, contre Augsbourg.

Klopp était serein pour son premier match à Wembley en tant qu'entraîneur de Liverpool. Ce n'était pas son premier match dans ce stade. Il y était déjà venu, en 2013, avec le Borussia Dortmund. Un mauvais souvenir avec une défaite 2-1 en finale de la Ligue des champions face au Bayern Munich, leur rival de la Bundesliga. Une expérience qu'il ne veut pas revivre.

En emmenant le club en finale de la Coupe de la Ligue, Klopp a redonné le sourire aux supporters de Liverpool, totalement conquis par sa passion et son style de management. Les résultats n'étaient, certes, pas encore conformes à leurs attentes, mais le cap était clair.

La Coupe de la Ligue ne possède pas, à tort, autant de prestige que les autres compétitions nationales. Elle a pourtant souvent souri au Liverpool FC. Les Reds

**Ci-dessous :** À Wembley, duel entre Lucas Leiva et David Silva.

« L'arrivée de Jürgen a donné un gros coup de fouet à tout le monde. Nous avions tous très envie de travailler avec quelqu'un qui avait un tel palmarès. Quelques mois après son arrivée, nous avons atteint la finale de la Coupe de la Ligue. J'avais toujours rêvé de jouer pour Liverpool à Wembley. Il m'a annoncé que je serai titulaire quelques heures avant le coup d'envoi. Nous n'avons malheureusement pas remporté le trophée, mais nous avons su tirer le positif de cette expérience. Nous sentions que nous étions sur la bonne voie avec lui à la tête de l'équipe. C'est également quelqu'un de très franc. Un jour, je suis allé le voir parce que je n'étais pas content de ne pas être dans l'équipe et il m'a dit : "Lucas, je peux te dire ce que je pense, mais ce n'est peut-être pas ce que tu veux entendre." J'ai un immense respect pour lui et nous avons toujours eu d'excellentes relations. Il m'a beaucoup appris. »

**LUCAS LEIVA,**
LIVERPOOL FC, 2007–2017

YOU'LL NEVER WALK ALONE
LIVERPOOL
FOOTBALL CLUB
EST·1892
Capital One

l'ont soulevée huit fois, un record, et, comme Bill Shankly l'a dit un jour, gagner des trophées est la raison d'être de ce club. Qu'importe le prestige de la compétition.

Klopp partageait cet avis. Il savait quels bienfaits apporteraient un trophée dans les premiers mois de son mandat. Malheureusement, le protocole exigeait qu'il abandonne sa tenue habituelle des jours de match, le survêtement et la casquette, et revête un costume dans lequel il sembla quelque peu engoncé. Comme un mauvais présage.

Liverpool concéda l'ouverture du score juste après la mi-temps sur un but de Fernandinho, mais à sept minutes de la fin, Philippe Coutinho fit exploser Klopp de joie en égalisant et envoya les deux équipes en prolongation. Aucun but ne fut inscrit pendant ces trente minutes supplémentaires. La victoire se décida aux tirs au but.

Liverpool avait éliminé Carlisle United au troisième tour de la compétition, un mois avant l'arrivée de Klopp, et Stoke City en demi-finale aux tirs au but. L'issue de la séance sera malheureusement tout autre. Sous l'arche de Wembley, les Reds firent mentir l'adage qui veut que jamais deux… La troisième fois n'a pas été la bonne.

Liverpool a pris l'avantage en début de séance, mais Lucas Leiva, Coutinho et Adam Lallana manquèrent leur tir et ce furent les Citizens qui soulevèrent la coupe. C'était la première fois que Liverpool perdait une finale aux tirs au but.

Tout le monde était, bien évidemment, déçu de la défaite, mais Klopp promit que son équipe en sortirait grandie. « Nous sommes abattus, mais nous devons nous relever. Seuls les sombres idiots restent prostrés en attendant la prochaine défaite. Nous allons réagir. Nous allons continuer de travailler pour nous améliorer. Nous devons travailler très dur et persévérer dans cette voie. La lumière nous attend au bout du tunnel. C'est important. »

La réaction ne se fit pas attendre. Hasard du calendrier, les deux équipes se retrouvèrent en championnat quatre jours plus tard. Il n'y avait aucun trophée en jeu. Liverpool évacua rapidement la tristesse ressentie à Wembley en s'imposant 3-0. Klopp avait raison, cette équipe savait réagir.

**Ci-contre :** Jürgen Klopp en costume avant sa première finale de coupe en tant qu'entraîneur de Liverpool.

**Ci-dessus à gauche :** James Milner ne peut cacher sa déception après la défaite des Reds aux tirs au but.

**Ci-dessus à droite :** Le capitaine Jordan Henderson tente de consoler Philippe Coutinho, aux côtés d'un Adam Lallana dépité.

# RING DE FEU

**Manchester United - Liverpool | Seizième de finale retour Ligue Europa, 17 mars 2016**

Liverpool et Manchester United. Les deux clubs les plus titrés du football anglais, tous deux fiers de leur pedigree sur le continent. Pourtant, jusqu'en 2015-2016, ces rivaux acharnés ne s'étaient jamais affrontés dans une compétition européenne.

Le match promet d'être le genre d'événement à haute intensité dont Jürgen Klopp se délecte. Après des années passées à affronter le Bayern Munich en tant qu'entraîneur du Borussia Dortmund, il est bien armé pour affronter la version anglaise de « Der Klassiker ».

L'intérêt de ceux qui avaient boudé l'Europa League plus tôt dans la campagne a été soudainement piqué. Klopp l'a qualifiée de « mère de tous les matchs ».

Si les choses s'étaient déroulées différemment, il aurait pu se retrouver sur la ligne de touche avec un diable rouge sur la poitrine. Ce n'est un secret pour personne qu'avant que Liverpool ne le nomme, Manchester United avait activement manifesté son intérêt pour faire de Klopp son entraîneur. Des discussions ont eu lieu, mais Klopp a poliment décliné leur offre et choisi de rester à Dortmund. Tant pis pour Manchester. Tant mieux pour Liverpool. Après le refus de l'Allemand, la direction d'Old Trafford a finalement jeté son dévolu sur le Néerlandais Louis van Gaal.

Van Gaal a pris le meilleur sur Klopp lors du match de championnat deux mois plus tôt, mais cette rencontre de Ligue Europa offre une occasion de prendre sa revanche. À l'aller, à Anfield, Klopp s'acquitte de sa tâche en conduisant Liverpool vers une victoire 2-0 lors d'une soirée électrique.

Au retour, une semaine plus tard, United est dans l'obligation de marquer, mais Klopp déjoue encore les pronostics de Van Gaal.

Les supporters de Liverpool, armés de drapeaux faits maison et d'un vaste répertoire de chansons en l'honneur de la riche histoire de leur club en matière de succès européens, sont d'humeur à faire la fête, et même le penalty d'Anthony Martial à la trente-deuxième minute ne les décourage pas, pendant cette soirée mémorable de la Saint-Patrick.

Le moment décisif survient juste avant la mi-temps, grâce à Philippe Coutinho. Oublié par la défense, s'avance sur le flanc droit. Il mystifie Varela à l'entrée de la surface de réparation et glisse délicatement le ballon entre David de Gea et son poteau. Avec poésie, Klopp évoque le « but parfait » et un « moment de génie ».

Le numéro 10 de Liverpool jubile devant la Stretford End stupéfaite, tandis que les supporter des Reds, dans le parcage visiteur d'Old Trafford, illuminent le ciel de Manchester d'un spectacle de lumière festif.

Les jours de Van Gaal sont comptés, Klopp a une fois de plus mis en place la bonne tactique. « Notre qualification est méritée, cela ne fait aucun doute. Je suis très fier de mes joueurs. »

Cela fait cinq ans que United a dépassé Liverpool au nombre de titres de champion d'Angleterre, mais son palmarès moins fourni sur la scène européenne reste une source d'irritation pour les Mancuniens. Cette défaite n'a fait que remuer le couteau dans la plaie.

Le *Liver Bird* n'est pas encore complètement remonté sur son perchoir, mais c'est une nouvelle preuve que, sous la direction de Klopp, il est clairement sur la bonne voie.

**Ci-dessus :** Les Reds à Old Trafford, prêts à défendre leur avantage de 2-0 à l'aller.

**Page suivante :** Daniel Sturridge, auteur du premier but de Liverpool lors du match aller contre Manchester United.

« Lorsque Klopp est arrivé, tout le monde a adhéré à ses idées et au projet. Le travail avec lui était intense. Du football *rock-and-roll*, joué à cent soixante à l'heure. Il a considérablement augmenté le curseur au niveau de l'intensité et les effets se sont fait sentir immédiatement, notamment en Ligue Europa. En nous rendant à Old Trafford après une victoire 2-0 à l'aller, nous étions, bien sûr, confiants mais le boss a également veillé à ce que nous soyons mentalement prêts à terminer le travail, et c'est ce que nous avons fait. Ce fut une magnifique soirée. Jürgen est un grand manager qui ne ressemble à aucun autre. Pour tout ce qu'il a accompli à Liverpool et pour la relation que nous avons encore aujourd'hui, je n'ai que de l'amour et du respect pour lui. »

**DANIEL STURRIDGE,**
LIVERPOOL FC, 2013–2019

L.F.C.
Standard
Chartered
L.F.C.

# PETITE RÉUNION ENTRE AMIS

**Liverpool - Borussia Dortmund | Quart de finale retour Ligue Europa, 14 avril 2016**

À Anfield, rien n'évoque plus la nostalgie que l'évocation des folles soirées européennes, dont le souvenir est profondément ancré dans l'ADN de ce club.

Liverpool a fait de nombreux exploits en coupe d'Europe à Anfield que les supporters évoqueront toujours, mais en 2016, même les plus récentes de ces soirées inoubliables risquent de se transformer en souvenir rapidement estompé.

Lorsque cela se produit et que les supporters n'ont rien pour lequel s'enthousiasmer la nostalgie s'installe et on entend les inévitables « c'était mieux avant ». Klopp sait qu'il doit fabriquer de nouveaux souvenirs. Lorsqu'il a pris les rênes de l'équipe, il avait prévenu que le poids de l'histoire pouvait parfois être trop lourd à porter et qu'il voulait écrire de nouvelles pages.

Il n'aurait jamais cru que l'occasion de le faire se présenterait six mois seulement après le début de son règne. D'autant plus que l'équipe de Liverpool dont il a hérité ne participe qu'à la Ligue Europa, une compétition européenne considérée comme de second ordre. Mais après avoir éliminé le grand rival Manchester United au tour précédent, l'appétit du manager, des joueurs et des supporters est bien aiguisé.

Lorsque le tirage au sort des quarts de finale propose la plus passionnante des rencontres, chacun en salive d'avance : Liverpool-Borussia Dortmund. Le derby Klopp, son nouvel amour contre son ancienne flamme ou, comme certains le surnomment, « le Kloppico ». C'est sans aucun doute le match le plus important de la semaine, une rencontre entre deux anciens vainqueurs de la C1 qui auraient pu se retrouver en finale ou en Ligue des champions.

L'intérêt pour ce match est naturellement immense. Plus de soixante-cinq mille personnes sont présentes au Westfalenstadion pour assister au retour émouvant de Klopp. Dortmund est considéré favori, mais le match aller est satisfaisant pour Liverpool qui prend l'avantage par Divock Origi en première période. Mats Hummels égalise, mais les Reds tiennent bon et arrachent un précieux match nul (1-1) qui les place en position de force avant le match retour qui aura lieu à Anfield la semaine suivante.

Ce match avait le potentiel d'être un classique et il a tenu toutes ses promesses. Une atmosphère électrique est toujours garantie, mais celle-ci a dépassé les attentes, même pour les standards de Liverpool.

L'interprétation émouvante de *You'll Never Walk Alone*, l'hymne très apprécié des deux clubs, est le parfait précurseur d'une soirée de passion brute, de drapeaux et de fumigènes étincelants, d'écharpes tendues et de dizaines de chants de supporters. Ce soir-là, l'ambiance a atteint, voire dépassé, les sommets de certaines grandes soirées

« Nous n'avons jamais perdu la foi. Le manager nous a dit à la mi-temps : "Souvenez-vous de 2005, lorsque Liverpool était mené 3-0 face au Milan AC en finale de la Ligue des champions." Il nous a affirmé que tout était possible et c'est ce qui s'est passé. À 2-0 pour le Borussia, nous avions arrêté de jouer. Nous avions la tête basse, mais il a su nous insuffler la motivation de jouer jusqu'à la fin. C'était le plus important. Ce fut l'un des meilleurs matchs pour tous les supporters, pour moi et pour Jürgen. Jouer pour lui a été un plaisir et je ne l'oublierai jamais. Il a quelque chose de spécial, comme Messi ou Salah. Il y a en a peu comme lui. Dans cent ans, les gens parleront encore du passage de Jürgen Klopp à Liverpool. Il laisse un héritage considérable, pas seulement à Anfield, mais dans le football en général. Tout le monde le regrettera. »

**DEJAN LOVREN,**
LIVERPOOL FC, 2014–2020

européennes passées à Anfield. Un kaléidoscope de couleurs remplit les gradins, jaune et noir dans un coin, rouge et blanc partout ailleurs, tandis que le niveau sonore descend à peine en dessous de la limite de l'audible.

Le spectacle est fabuleux même s'il ne s'agit « que » d'un match de la Ligue Europa, un jeudi soir. C'est que ce match revêt une grande importance. Après une élimination au quatrième tour de la Cup lors d'un *replay* à West Ham, Liverpool tient là sa dernière chance de remporter un trophée cette saison et, par là même, son plus grand espoir de retrouver la Ligue des champions, vu que le club compte neuf points de retard sur les quatre premiers du classement. Côté allemand, la Ligue Europa est le seul trophée européen qui manque au palmarès du club de la Ruhr.

Pendant sa conférence de presse d'avant-match, l'entraîneur Thomas Tuchel avait promis que son équipe attaquerait et c'est ce qu'elle a fait. Klopp assiste, impuissant, à la démonstration des visiteurs qui étourdissent le public anglais en menant 2-0 après… neuf minutes.

Les buts marqués à l'extérieur comptant double en cas d'égalité, Liverpool doit désormais marquer trois fois. Depuis la finale de la Ligue des champions en 2005, aucune équipe de Liverpool n'avait été confrontée à une tâche aussi difficile. Dortmund, invaincu depuis le début de l'année civile, contrôle totalement la situation et semble se diriger vers une place dans le dernier carré.

À la mi-temps, Klopp sait qu'il doit remonter le moral de ses joueurs. Il rappelle la légendaire remontée du club en finale de la Ligue des champions à Istanbul pour montrer que rien n'est impossible et exhorte son équipe à créer un moment qu'ils pourront un jour raconter à leurs petits-enfants.

**Ci-dessous :** Anfield, les joueurs de Liverpool et du Borussia Dortmund avant le coup d'envoi.

**Ci-dessus à gauche :** La joie de Dejan Lovren après son coup de tête victorieux de dernière minute.

**Ci-dessus à droite :** Jürgen, incapable de contenir sa joie, brandit le poing pour la première fois.

Trois minutes après le début de la seconde période, Origi marque, mais le regain d'espoir s'estompe aussitôt lorsque Dortmund inscrit un troisième but. Liverpool est dans la même position qu'au début de la seconde période. Le temps s'écoule, les Reds doivent réussir le plus difficile des exploits, un exploit qui n'a jamais été accompli à Anfield.

Pour beaucoup, il suffit désormais de limiter les dégâts, mais lorsque Philippe Coutinho réduit l'écart à la soixante-sixième minute, la confiance revient. Le public s'est réveillé. Liverpool attaque devant le *Kop*, et Klopp incite son équipe à aller de l'avant. Cela porte ses fruits lorsque Mamadou Sakho inscrit de la tête le but du 3-3 à douze minutes de la fin. Les tribunes tremblent et le volume monte encore d'un cran, mais à l'approche de la quatre-vingt-dixième minute, Dortmund est toujours en route vers la qualification grâce aux buts marqués à l'extérieur.

Le tableau du quatrième arbitre s'allume pour indiquer qu'il reste quatre minutes de temps additionnel à jouer, le jeu devient encore plus frénétique et l'atmosphère encore plus endiablée. Sur un coup franc à l'intérieur de la moitié de terrain adverse, Daniel Sturridge et James Milner combinent sur la droite et le second adresse un centre millimétré au deuxième poteau. Dejan Lovren s'élève plus haut que tout le monde et marque de la tête. Quel vacarme !

Anfield explose. Lovren s'agenouille pour célébrer le but. Klopp semble pris d'une crise de folie. « Liverpool est revenu d'entre les morts », rugit le commentateur à la télévision. C'est le manager qui leur a insufflé cette nouvelle mentalité, le refus de la défaite qui deviendra la marque de fabrique de son passage au club.

En avance sur le calendrier, Klopp donne à la nouvelle génération de supporters son propre moment d'histoire à chérir. Il y en aura beaucoup d'autres, mais le premier aura toujours une saveur particulière.

# CONTRETEMPS SUISSE

**Liverpool - Séville | Finale de la Ligue Europa, 18 mai 2016**

Si le fait d'atteindre la finale de la Coupe de la Ligue à Wembley a été considéré comme la première grande étape du renouveau de Liverpool sous la direction de Jürgen Klopp, répéter ce parcours en Ligue Europa est un exploit encore plus impressionnant.

Les marchs de championnat sont vus comme le « pain quotidien » à Anfield. Ce sont les succès en Europe qui suscitent le plus d'émotions chez les supporters de Liverpool. Les qualifications de l'équipe de Klopp pendant la phase à élimination directe de la Ligue Europa ont mis le feu aux poudres. Retrouver une finale européenne si tôt pendant le règne du nouveau manager est un bonus inattendu… mais très apprécié.

Tous les chemins mènent maintenant à la St. Jakob-Park Arena de Bâle pour un dernier affrontement avec Séville.

« L'Europe est grande, et beaucoup d'équipes veulent aller en finale, débriefe Klopp. Ce n'est pas facile. Maintenant, nous y sommes. C'est une grande opportunité. »

Comme le veut la tradition, les supporters de Liverpool ont fait le déplacement en masse, même si le stade est loin d'être assez grand pour accueillir tout le monde.

**Ci-dessous :** Les drapeaux rouges et les écharpes sont de sortie avant la finale de la Ligue Europa 2016.

Ils déploient leurs drapeaux et banderoles aux meilleurs emplacements pour que le manager et ses joueurs se sentent comme à la maison.

La première saison de Klopp à la tête du club s'achève donc en beauté. En analysant le parcours de Liverpool dans la compétition, personne ne peut nier que les Reds méritent d'être là, mais le test sera bien plus difficile que celui qui l'a opposé à Villarreal en demi-finale. Le FC Séville s'est en effet imposé comme la force dominante de cette compétition dont il détient le record de victoires et vise un troisième triomphe consécutif.

Liverpool réussit malgré tout son entame et semble bien parti pour l'emporter après l'ouverture du score de Daniel Sturridge, dix minutes avant la mi-temps. La capitulation en seconde période est difficile à expliquer. Le FC Séville égalise dans la minute qui suit le retour des vestiaires avant d'ajouter deux autres buts pour briser l'élan que Klopp avait espéré. « Il est évident que leur premier but a eu une grande influence sur notre jeu. Nous avons perdu confiance en notre style de jeu et je suis responsable de cette performance », reconnaît Klopp après le match.

La douleur de la défaite est profonde, mais de retour à l'hôtel, plus tard dans la nuit, le manager a demandé à ses joueurs et au staff de boire quelques bières et d'entonner quelques chansons pour fêter leur parcours européen. Klopp a été battu, mais il a refusé de se laisser abattre et il a veillé à ce que ses joueurs ressentent la même chose.

La finale de la Ligue Europa était la marche de trop, un match de trop dans cette longue et cruciale saison. La nouvelle ère devra attendre son premier trophée, mais Jürgen Klopp n'en démord pas : « Je promets à tout le monde que nous nous en servirons et que nous reviendrons plus forts. Je suis sûr que nous participerons à une autre finale, et la prochaine fois, nous savons que nous devrons faire mieux. »

**Ci-dessus à gauche :** Emre Can tente de contrer une attaque dangereuse de Séville.

**Ci-dessus à droite :** Malgré un but spectaculaire en première période, Daniel Sturridge est déçu au coup de sifflet final.

**Page suivante :** À terre, mais pas abattu. Jürgen remercie les supporters et promet que les Reds seront de retour.

« Nous étions tous très abattus après ce match. Une fois rentrés à l'hôtel, j'ai reçu un coup de téléphone me demandant de descendre. Personne n'était d'humeur, mais lorsque nous sommes entrés, Jürgen était sur la piste de danse. Il a demandé à tout le monde de se lever et de le rejoindre. Nous nous sommes tous regardés, en nous demandant ce qu'il faisait, mais tout le monde a obtempéré et s'est mis à danser. Au final, ce fut l'une des meilleures fêtes auxquelles j'ai participé. Pour moi, cela résume parfaitement Jürgen. Nous avons senti dès le départ que c'était quelqu'un en qui nous pouvions avoir confiance. À sa façon de parler, sa manière de gérer un vestiaire et même à sa façon de vous serrer la main. C'était différent. Tout le monde a tout de suite adhéré à son projet. Tous les résultats qu'il a obtenus avec le club n'ont rien de surprenant. »

**KOLO TOURE ;**
LIVERPOOL FC, 2013–2016

ORIGI
27
MATIP
32
WIJNALDUM
5

# DES SCEPTIQUES AUX FIDÈLES

2016–2018

# SUR LA LIGNE DE DÉPART

**Arsenal - Liverpool | Premier League, 14 août 2016**

Il y a une image cocasse du match d'ouverture de la saison 2016-2017 dont tout le monde se souvient : Jürgen Klopp portant sur son dos Sadio Mané, transfert record du club, après son but à l'Emirates, pour son premier match. De toutes les célébrations du but, c'est certainement une des plus bizarres.

Elle est survenue pendant un match qui illustre le caractère imprévisible et irrégulier de l'équipe de Liverpool de Klopp à ses débuts. Malgré deux finales de coupe la saison précédente, les Reds n'ont pas réussi à se qualifier pour la Ligue des champions et ont finalement terminé à la huitième place, à onze points d'Arsenal, deuxième du classement.

À la soixante-troisième minute, Mané s'enfonce sur la droite et élimine deux défenseurs avant de décocher une frappe imparable dans la lucarne opposée. Son premier sous ses nouvelles couleurs. Mais surtout le but qui permet à Liverpool de mener 4-1 et, semble-t-il, annonçait une victoire inéluctable.

Dans cette recontre où Ragnar Klavan et Gini Wijnaldum font également leurs débuts, c'est Theo Walcott qui ouvre le score pour Arsenal, quelques minutes après avoir manqué un penalty. Juste avant la mi-temps, Philippe Coutinho égalise d'un magnifique coup franc. En seconde période, les Reds inscrivent trois buts en quatorze minutes – par Adam Lallana, Coutinho à nouveau puis Mané – qui semblent sceller le sort de la rencontre.

C'est en tout cas ce que pense Klopp lorsqu'au milieu de la pagaille du quatrième but, il invite l'attaquant sénégalais à lui sauter sur le dos en signe de triomphe. Il est alors loin de se douter que le match n'est pas encore terminé. Malgré les recrutements estivaux de Klavan et Joel Matip, les lacunes défensives de Liverpool, déjà exposées à plusieurs reprises au cours de la première saison de Klopp, n'ont pas encore été totalement corrigées. Des errements de la défense permettent à Arsenal de marquer deux fois. Arsenal pousse mais les visiteurs conservent leur avantage d'un but et l'emportent 4-3, au terme d'un match palpitant.

Au sujet de la célébration, Klopp reconnaît son erreur : « J'ai fait une erreur et j'ai joué un grand rôle dans la fébrilité de la dernière demi-heure. Je n'ai pas le droit de célébrer le quatrième but de cette manière à trente-cinq minutes de la fin. À ce moment-là, nous avons éteint les machines. Le match n'était pas terminé. Arsenal a perdu, mais nous lui avons donné la possibilité de revenir dans le match. Rien n'est acquis tant que le coup de sifflet final n'a pas retenti. »

Cette rencontre au cours de laquelle, en quelques minutes, à cause de ses imprudences, Liverpool a failli gaspiller une confortable avance et offrir les points à son

**Ci-contre :** La nouvelle recrue Sadio Mané célèbre son premier but en sautant sur le dos de Jürgen Klopp.

**Ci-dessus à gauche :** Roberto Firmino et Rob Holding (Arsenal) en plein duel aérien à l'Emirates Stadium.

**Ci-dessus à droite :** L'impact de Sadio Mané est immédiat. La défense des Gunners ne parvient pas à le contenir.

« Il jouissait d'une bonne réputation à son arrivée et il a montré qu'elle était justifiée. Ma première impression de lui ? Un homme au caractère bien trempé qui sait ce qu'il veut, capable d'imposer ses idées et de convaincre ses interlocuteurs qu'il a raison. Il a regénéré Liverpool en inculquant à son équipe la mentalité de la ville. Son impact sur l'équipe s'est très vite fait sentir, dans le *fighting spirit*, la haine de la défaite et le refus d'abandonner lorsque les vents étaient contraires. On voyait déjà que Liverpool pouvait constituer une menace. Une équipe est toujours le reflet de la personnalité de son manager, et la volonté de ne jamais abandonner est sans nul doute un trait de caractère de Jürgen. Il a construit sa carrière avec quatre principes fondamentaux : l'intégrité, le dévouement, la loyauté et le respect. Il est resté fidèle à ces principes et a consacré sa vie à son travail. »

**ARSENE WENGER,**
MANAGER D'ARSENAL, 1996–2018

adversaire a encore été un ascenseur émotionnel. Il n'est dès lors pas étonnant que Liverpool ait été l'un des premiers choix des diffuseurs de la Premier League. Pour les spectateurs neutres, c'était un spectacle éblouissant, mais l'entraîneur avait parfaitement conscience du besoin urgent de corriger les erreurs qui continuaient d'handicaper son équipe. « Marquer quatre buts, c'est merveilleux, en encaisser trois, c'est le contraire », déplore-t-il. « Cela nous donne confiance et nous permet de savoir que nous pouvons marquer des buts, mais que nous devons défendre mieux ensemble. »

Néanmoins, débuter sa première saison complète par une victoire à l'extérieur contre l'Arsenal d'Arsène Wenger, quelle que soit la manière dont elle a été obtenue, n'est pas un mince exploit. « Ce fut difficile, mais c'est une victoire brillante. Une victoire méritée », a conclu le patron.

Quant à la désormais légendaire célébration de Klopp, elle a été élue quatrième des dix meilleures célébrations de buts de Liverpool en 2016-2017, mais elle n'a jamais été réutilisée.

**Ci-dessus :** Malgré une réaction tardive des Gunners, Liverpool s'accroche pour remporter une première victoire impressionnante.

# LE SCOUSER DE L'ÉQUIPE

**Liverpool - Tottenham Hotspur | Quatrième tour de la Coupe de la Ligue, 25 octobre 2016**

Trent Alexander-Arnold était un enfant grand et dégingandé, âgé de 17 ans à peine, lorsque Jürgen Klopp a posé ses yeux sur lui pour la première fois. C'était lors d'un match des moins de 18 ans de Liverpool au centre de formation du club à Kirkby. « Ce joueur me plait beaucoup », s'enthousiasme le manager, qui le désigne immédiatement comme un joueur d'avenir. Moins d'un an plus tard, Alexander-Arnold rejoignait l'équipe première.

Élevé dans le quartier de Clubmoor, Alexander-Arnold a d'abord attiré l'attention des recruteurs de Liverpool après avoir été sélectionné par son école pour participer à un camp d'entraînement d'été organisé par le club.

C'était un enfant « Red » qui avait grandi en voulant devenir le prochain Steven Gerrard et qui jouait comme lui. Les recruteurs d'Everton et de Manchester United l'ont également approché, mais il n'y a jamais eu qu'un seul club pour lequel Alexander-Arnold ait voulu jouer.

Liverpool a suivi de près ses progrès au sein de l'école de foot d'un club de la ville, Country Park, et l'a admis au centre de formation pour qu'il commence à s'entraîner sous la supervision de ses formateurs à l'âge de 6 ans. Le jeune Alexander-Arnold gravit régulièrement les échelons et avait de bonnes évaluations de ses coachs à Kirkby.

International anglais dans les catégories de jeunes, il a été capitaine des équipes de moins de 16 ans et de moins de 18 ans du club.

**Ci-dessous :** Le jeune Trent Alexander-Arnold en action avec les moins de 18 ans de Liverpool, au centre de formation du club.

Klopp a immédiatement vu son potentiel. Il l'a invité à s'entraîner avec l'équipe première, il l'a emmené lors de la tournée d'été 2016 et il l'a inscrit sur la feuille de match pour la première rencontre de championnat, à Arsenal.

« C'était un grand talent », se souvient le boss. « Quand on le voyait, on savait qu'il n'y avait aucun doute sur le plan footballistique, mais nous n'étions pas sûrs qu'il y parviendrait physiquement. C'était un enfant, il n'était pas assez costaud. Nous avons donc dû travailler sur ce point, mais il a très rapidement fait des progrès incroyables. »

Klopp n'a jamais eu peur de donner leur chance aux jeunes, notamment lors des premiers tours des compétitions de coupe. Deux semaines après avoir fêté ses 18 ans, Alexander-Arnold a participé au quatrième tour de la Coupe de la Ligue à domicile contre Tottenham.

Portant pour la première fois le numéro 66 et aligné au poste d'arrière droit, il est alors le plus jeune joueur à être titularisé par Klopp. Malgré un carton jaune pour une faute commise en début de match, il répond à la confiance de son entraîneur en réalisant une performance impressionnante lors de la victoire 2-1 de Liverpool.

« Il faut savoir revenir dans le match quand on a des moments difficiles, comme le carton jaune », analyse Klopp. « Il a dû rester dans le match malgré les nombreux duels sur l'aile et l'a fait intelligemment. C'est un très bon signe. »

Avec l'aide du manager, un grand avenir s'annonce pour la dernière jeune étoile montante d'Anfield. Sa percée en équipe première est récompensée par un nouveau contrat et des débuts en Premier League. Il devient ensuite le premier joueur « *Scouser* » depuis Gerrard à s'imposer pleinement dans l'équipe et devenir un des meilleurs latéraux droits du monde.

Pas mal pour un petit gars de Liverpool. Sous les ordres de Jürgen Klopp, Alexander-Arnold va vivre un rêve.

**Ci-dessus :** Le jeune Trent Alexander-Arnold s'intègre parfaitement à l'équipe première.

**Page suivante :** Trent Alexander-Arnold, source d'inspiration pour tous les jeunes du centre de formation.

« Dès les premières semaines, Jürgen est venu au centre de formation pour observer les jeunes. Cela nous a donné à tous un énorme boost. La veille du match contre Tottenham, il m'a dit de m'assurer que ma famille soit présente dans les tribunes parce que je serai titulaire. Il m'a dit que je devais être fier de cette première titularisation, mais que je ne devais pas trop y penser, que je devais me détendre, rester calme et dormir le plus possible. Il m'a également expliqué que je devais jouer comme je m'entraînais, que j'avais mérité cette chance et que j'étais prêt. C'est le meilleur conseil que l'on puisse donner à un jeune joueur et je l'ai suivi à la lettre. Sans Jürgen, qui sait la tournure que ma carrière aurait prise ? »

**TRENT ALEXANDER-ARNOLD,**
LIVERPOOL FC, 2016–PRÉSENT

WELCOME TO
OOL FOOTBALL CLUB
L.F.C.
L.F.C.

# MANÉ, PROFESSION BUTEUR

**Everton - Liverpool | Premier League, 19 décembre 2016**

Les festivités de Noël ont commencé tôt pour une moitié des supporters qui vivent sur les bords de la Mersey en 2016 et les panaches de fumée rouge qui s'échappent d'un petit coin de Goodison Park sont un indice du nom de l'équipe qui a quelque chose à fêter.

Les terrains de Liverpool et d'Everton ne sont distants que de 1,2 kilomètre, et l'on peut encore voir la brume rouge flotter au-dessus de Stanley Park en direction d'Anfield où les supporters rentrent pour porter un toast à la suprématie réaffirmée de leur équipe et son statut incontesté de meilleure équipe de la ville.

C'est la première fois que Jürgen Klopp réalise ce court voyage « de l'autre côté du parc » et il ne l'oubliera pas. La saison précédente, il avait célébré ses débuts dans le derby en regardant son équipe écraser les Blues 4-0, mais c'était à Anfield.

Au moment d'aborder ce deux cent vingt-septième épisode d'une querelle locale qui dure depuis 1893, les Reds pointent à la troisième place au classement, avec onze points d'avance sur Everton, neuvième.

Cela fait également cinq ans que les supporters de Liverpool n'ont pas pu célébrer une victoire devant la Gwladys Street. Brendan Rodgers a échoué à chacune de ses quatre tentatives, et c'est à la suite du derby à Goodison Park, une saison plus tôt, que la décision a été prise de se passer de ses services.

C'était un match que Klopp avait regardé à la télévision, quelques jours avant de recevoir l'appel qui allait changer sa vie. Ouvertement fan de la saga cinématographique

**Ci-dessous :** Jürgen à Goodison Park pour la première fois, aux côtés de son homologue Ronald Koeman.

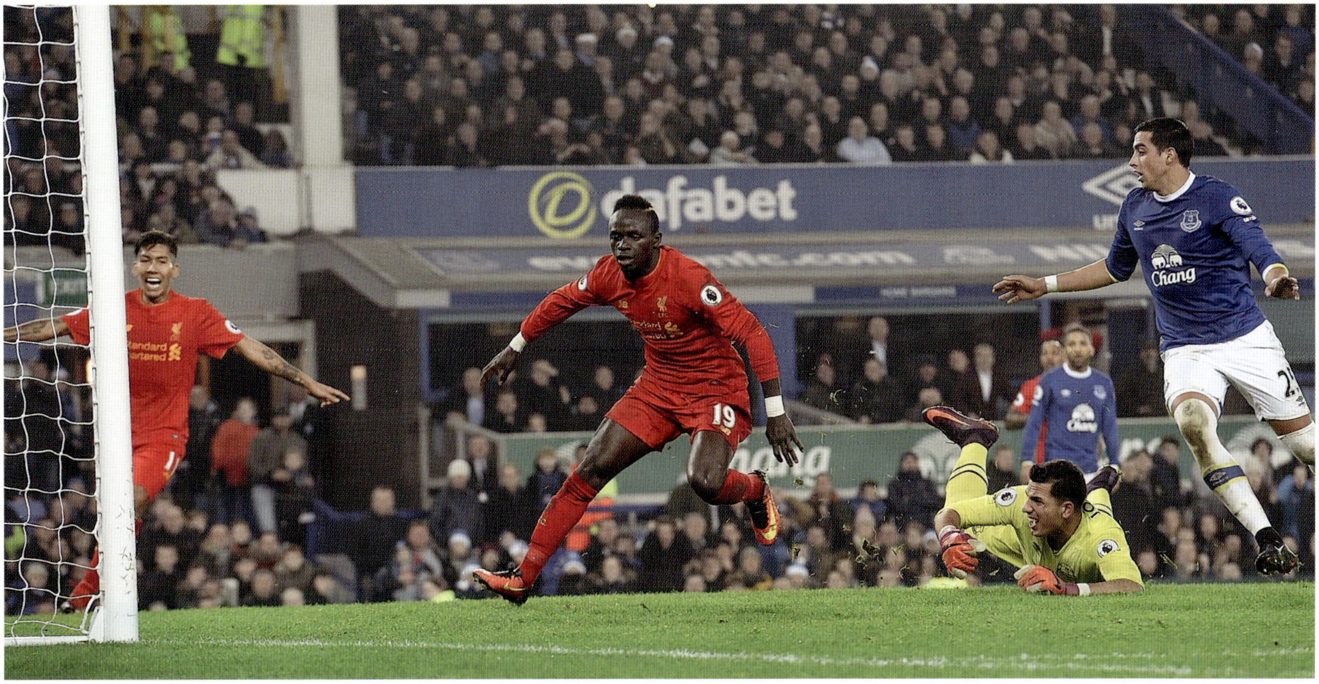


*Rocky*, il a admis s'être préparé à ce match en regardant *Creed*, le dernier spin-off de la série qui, à sa grande surprise, propose une scène de combat à Goodison.

Tout cela s'ajoute à la préparation unique qui, compte tenu de la proximité des deux clubs, ne ressemble à rien de ce qu'il a connu en Allemagne. « Je fais [maintenant] partie de Liverpool, il est donc très facile pour moi d'accepter l'importance de ce match. J'aime la façon dont la ville de Liverpool vit avec ces deux grands clubs et ce sera très spécial d'être à Goodison pour la première fois », assure-t-il.

Les deux équipes se neutralisent. Le match reste bloqué à 0-0 dans le temps additionnel lorsque le remplaçant Daniel Sturridge tente sa chance d'une frappe à ras de terre depuis l'extérieur de la surface. La frappe n'est pas particulièrement puissante, mais elle trompe le gardien des Toffees et ricoche sur le poteau. Sadio Mané est le plus prompt et envoie le ballon au fond des filets à bout portant pour arracher une incroyable victoire à la dernière minute.

« Un derby, c'est génial, c'est intense, c'est ce que doit être un derby », s'extasie Klopp immédiatement après le match. « Ce n'est pas le meilleur football du monde, bien sûr, mais vous ne pouvez pas ignorer l'intensité et l'importance d'un match comme celui-ci. Il faut prendre les choses comme elles sont. En seconde période, nous avons pris les choses comme elles devaient l'être. »

Jürgen Klopp a passé un nouveau test important dans son rôle d'entraîneur de Liverpool et a offert aux supporters le cadeau de Noël qu'ils attendaient le plus. S'il n'était pas déjà un *Scouser* d'adoption, il était en passe de le devenir.

**Ci-dessus :** Sur le dernier coup de pied de la partie, Sadio Mané s'élance pour arracher le point de la victoire.

**Page suivante :** Buteur décisif.

« Depuis notre tout premier entretien, avant même que je rejoigne Liverpool, nous avons eu une très bonne relation et il m'a beaucoup aidé à devenir le joueur que je suis devenu. Nous avons connu tellement de grands moments ensemble. Nous sommes devenus la meilleure équipe du monde, mais des matchs comme celui où j'ai marqué le but de la victoire en fin de partie à Everton ont été des étapes fondamentales dans notre réussite. Ce soir-là, nous avions fait une mauvaise première période. À la mi-temps, il nous a dit de continuer de jouer simplement et d'être patients. Cela nous a donné confiance. Nous savions que nous allions marquer et il avait raison. Ce but était très important pour nos supporters et je suis reconnaissant à Jürgen de m'avoir permis de profiter de ce moment, et de tellement d'autres. C'est un grand manager, avec un grand cœur, qui était totalement dévoué à la réussite de l'équipe. C'est ce qui le rend si spécial. »

**SADIO MANÉ,**
LIVERPOOL FC, 2016–2022

Standard Chartered
L.F.C.
dafabet

« C'est l'entraîneur qui m'a recruté et m'a donné l'opportunité de jouer dans ce merveilleux club, alors, oui, il a eu un impact important sur ma carrière. Venir dans un nouveau pays est difficile, mais j'ai beaucoup appris de sa vision générale de la vie et de sa façon de voir le football. Jouer la Ligue des champions était une étape primordiale pour notre développement et accrocher la qualification a été une excellente façon de conclure ma première saison à Liverpool. Il était déterminé à ramener le club au plus haut niveau et cela montrait la direction que nous prenions. Nous avons passé beaucoup de saisons ensemble. Il m'a permis de devenir un meilleur joueur et il est difficile d'imaginer jouer pour un autre manager à Liverpool. Porter ce maillot rouge m'a toujours donné un sentiment de fierté et Jürgen Klopp y est pour beaucoup. »

**JOEL MATIP,**
LIVERPOOL FC, 2016–PRÉSENT

# DE RETOUR DANS LA COUR DES GRANDS

**Liverpool - Middlesbrough | Premier League, 21 mai 2017**

L'époque du « le premier est le premier, le deuxième n'a rien » est révolue depuis longtemps. À l'aube du dernier week-end de la saison 2016-2017 de Premier League, Liverpool vise une troisième ou une quatrième place qui lui permettrait de retrouver la terre promise et l'élite européenne.

C'est la priorité numéro 1 de Jürgen Klopp depuis qu'il a pris les rênes du club et c'est un impératif pour ses projets futurs. Cela fait trois ans qu'Anfield n'a pas accueilli de rencontre de Ligue des champions et la prochaine phase de son projet de reconstruction en dépend.

« Liverpool doit être présent de manière constante », a assuré le manager. « Nous devons tout faire pour changer cela. C'est la meilleure compétition d'Europe. Il n'y a peut-être rien de mieux au monde. On veut y participer. Nous serons très forts et nous nous battrons pour y arriver. »

La première saison complète de Klopp a donc été axée sur le championnat. La lutte pour le titre était peut-être trop ambitieuse, mais son équipe a passé beaucoup

**Ci-dessus :** Jürgen devant la tribune principale d'Anfield.

Ci-dessus : Phillipe Coutinho lors de la victoire 3-0 contre Middlesbrough.

de temps en tête du classement en novembre et a toujours été proche des quatre premières places.

Lors du dernier match, Chelsea a depuis longtemps conquis le titre, mais Liverpool, quatrième, a encore beaucoup de choses à jouer, et la lutte pour les deux places restantes en Ligue des champions se joue sur le fil. Manchester City, troisième, est toujours à portée de main, mais c'est Arsenal, cinquième à un point, qui constitue la menace. Liverpool n'a pas d'autre choix que de l'emporter.

Leur adversaire du jour, Middlesbrough, est déjà relégué, mais l'enjeu n'aurait pas pu être plus important. Pendant la majeure partie de la première période, les nerfs semblent avoir pris le dessus sur les Reds et, à l'approche de la mi-temps, ces derniers peinent à trouver la faille. Dans le nord de Londres, Arsenal est en train de s'imposer.

« La Ligue des champions ? Vous plaisantez ! » chantent les supporters visiteurs à Anfield, mais ces railleries se sont soudainement tues lorsque Gini Wijnaldum marque dans le temps additionnel de la première période. Six minutes après la reprise, Philippe Coutinho double l'avantage, avant qu'Adam Lallana n'inscrive un nouveau but. Sur le

banc de touche, Klopp célèbre l'événement en grinçant des dents et en se frappant la poitrine. « Je suis très heureux de cette journée », sourit-il après coup. « C'est une journée merveilleuse. »

**Ci-dessus :** Les Reds célèbrent le but d'Adam Lallana.

La victoire de Manchester City signifie que Liverpool termine quatrième et devra disputer un match de barrage aller-retour avant d'être assuré de retrouver la Ligue des champions, mais le manager n'est pas trop stressé par cela.

C'est l'objectif qu'il s'était fixé en début de saison et il n'est plus qu'à une double confrontation en barrage de l'atteindre. Les recrues estivales Wijnaldum, Sadio Mané et Joel Matip ont toutes joué leur rôle et il est temps de renforcer encore l'équipe en vue des nouveaux défis à venir. « J'ai vraiment hâte d'être à la saison prochaine », ajoute Klopp. « Je pense que nous avons créé un merveilleux socle. »

Comme l'a dit un jour un ancien dirigeant d'Anfield, le football européen sans Liverpool, c'est comme un banquet sans vin. Pour le Liverpool de Jürgen Klopp, c'est un véritable festin qui s'annonce.

# ROI D'ÉGYPTE

**La signature de Mohamed Salah, 22 juin 2017**

À l'été 2017, personne n'imaginait que Mo Salah était sur les tablettes de Liverpool. À l'annonce de l'intérêt des Reds pour l'Égyptien, beaucoup ont froncé les sourcils.

Jürgen Klopp, pour sa part, était, depuis longtemps, un admirateur de Salah. Il avait déjà tenté de le recruter pour le Borussia Dortmund et il avait gardé un œil sur l'attaquant égyptien depuis. « Il jouait à Bâle lorsque nous les avons affrontés. Nous ne le connaissions pas. On s'est dit : "C'est qui ce joueur, p…" On n'en croyait pas nos yeux, se souvient Klopp. Lorsque j'ai dit : "Faisons une offre", il était déjà parti à Chelsea. »

C'était en 2014. Ironie du sort, Liverpool était également intéressé par Salah à l'époque, mais son bref passage à Stamford Bridge faisait douter les critiques du bien-fondé de leur démarche. Mais Klopp n'a pas laissé ces doutes obscurcir son jugement. « Il a eu du mal à Chelsea parce que c'était trop tôt. C'était encore un gamin. Nous avons tous besoin de confiance. Nous avons tous besoin d'aide extérieure, surtout quand on est un jeune joueur dans un championnat étranger, très fort et très exigeant. »

Recruté en Angleterre par José Mourinho, l'apport de Salah a été, de l'avis de tous, minime, avec seulement deux buts en dix-neuf apparitions pour Chelsea. L'une d'elle s'est déroulée à Anfield, lors de la terrible rencontre qui a privé Liverpool du titre en 2013-2014. Frustré de ne pas pouvoir tirer le meilleur de Salah, Mourinho l'envoie en prêt en Italie. D'abord à la Fiorentina, puis à la Roma, où il sera définitivement transféré en 2016.

Avec les Giallorossi, la réputation de Salah grimpa en flèche et attira l'attention des recruteurs de Liverpool, séduits par la polyvalence de Salah dans le secteur offensif, capable d'évoluer aussi bien au milieu de terrain, sur l'aile ou en pointe. Doté d'une pointe de vitesse extraordinaire, il a des qualités de créateur et de finisseur. Des qualités convenant parfaitement au style de contre-attaque rapide de Klopp. Les rapports de *scouting* le concernant après ses performances avec la Roma en 2016-2017 ont été classés dans la catégorie « joueur complet ».

Mais, au début, Klopp n'était pas sûr à 100 % que Salah était toujours le bon choix pour Liverpool à ce moment précis. Il reconnaît que la cellule de recrutement du club a dû le convaincre : « Ils ont fait un travail fantastique autour sur Mo. Ils nous disaient sans cesse : " Il est prêt à 100 %, il est prêt." »

Klopp voulait savoir si Salah avait la force physique et mentale pour jouer en Premier League. « Nous n'avions aucun doute côté vitesse, mais bien sûr nous avons dû regarder beaucoup de ses matchs pour voir s'il avait les autres qualités requises.

Le physique, il faut être assez fort pour résister aux charges. Si vous le regardez uniquement à la télévision, il a l'air maigrichon. »

Il faut être assez fort pour relever des défis. Après l'avoir rencontré en personne, l'entraîneur a été convaincu et a compris ce que ses recruteurs lui avaient martelé. Klopp était maintenant d'accord. Il avait l'air prêt.

Le montant de la transaction a fait couler beaucoup d'encre, mais une fois les négociations conclues et la signature de Salah apposée en bas de son contrat record, ce qui faisait de lui le joueur le plus cher du club au mercato d'été, le boss a affiché sa satisfaction. « Nous savons qui nous recrutons. Son parcours en Italie a été exceptionnel et il possède des qualités qui vont améliorer notre équipe et notre effectif. C'est une recrue très intéressante pour nous. Nous sommes très heureux d'avoir pu le convaincre de nous rejoindre. »

« Mohamed est un mélange parfait d'expérience et de potentiel. Il connaît la Premier League, il a l'expérience de la Ligue des champions et il est l'un des joueurs les plus importants de son pays. Je le suis depuis qu'il s'est révélé à Bâle et il est devenu un très bon joueur. Il a une vitesse incroyable. Il nous apporte une plus grande menace offensive et nous sommes déjà costauds dans ce domaine. Notre attaque sera encore plus compétitive et cela me plait. »

« Le plus important pour nous, c'est qu'il a faim, qu'il est prêt et motivé pour s'améliorer encore. Il croit en ce que nous essayons de mettre en place ici, à Liverpool

**Ci-dessous :** Mo Salah signe son contrat à Liverpool.

**Ci-dessus :** Mo Salah buteur dès son premier match en Premier League, à Vicarage Road.

et il est extrêmement enthousiaste à l'idée d'en faire partie. C'est un joueur ambitieux qui veut gagner et gagner au plus haut niveau ; il sait qu'il peut réaliser ses ambitions avec Liverpool. »

Le sentiment était réciproque. Salah a déclaré au site officiel du club : « Je suis très heureux d'être ici. Je suis très heureux. Je vais me donner à 100 % et tout donner pour le club. Je veux vraiment gagner quelque chose pour ce club. Nous avons une grande équipe et de très bons joueurs. Tout le monde peut voir que l'entraîneur se donne à fond. J'espère qu'ensemble, nous pourrons tout donner pour gagner quelque chose pour le club, pour les supporters et pour nous. »

Klopp n'avait fixé aucun objectif à sa nouvelle recrue en termes de nombre de buts, mais personne n'aurait pu prédire le total de buts que Salah marquerait au cours des sept prochaines années.

Quelques semaines après être devenu officiellement un joueur de Liverpool, il marque déjà lors d'un match amical contre Wigan Athletic et inscrit trois autres buts pendant la pré-saison. Lors de la première journée de la saison 2017-2018, Salah célèbre ses débuts officiels en marquant le troisième but lors d'un nul 3-3 contre Watford, à Vicarage Road. À partir de ce moment, il n'a plus regardé en arrière. Aucun record de buts n'était à l'abri.

« Jürgen et moi avions le même objectif : gagner des trophées pour ce club, et, bien sûr, cela a influencé ma décision de venir ici. Nous avons eu un bon échange au cours duquel il m'a parlé de ses projets pour l'équipe et m'a convaincu que Liverpool était l'équipe qu'il me fallait. Depuis ma première séance, nous avons toujours eu une bonne relation. Nous avons appris à bien nous connaître, à nous apprécier et à nous respecter. Nous avons également fait tout ce que nous pouvions pour gagner des trophées ensemble, ce qui était le plus important. Nous n'avons pas connu le succès tout de suite, mais je suis très fier qu'ensemble, nous ayons réussi à obtenir tous ces résultats. Le boss a tout amélioré pendant son passage au club. Tout le monde l'aime. C'est un excellent manager. Cela ne fait pas le moindre doute. C'était formidable de jouer pour lui. »

**MO SALAH,**
LIVERPOOL FC, 2017–PRÉSENT

# CALME À SOUHAIT

**La signature de Virgil van Dijk, 1er janvier 2018**

Tout vient à point à qui sait attendre, mais Jürgen Klopp a dû faire preuve d'une patience d'ange pour réaliser ce qui allait être l'un des plus importants recrutements de son histoire et de celle du club.

Après avoir renforcé ses options offensives avec l'acquisition record de Mo Salah, Klopp sait qu'il est tout aussi important de renforcer la défense. Dejan Lovren et Joel Matip ont montré de belles choses en tant que charnière centrale et n'ont perdu qu'un seul des dix-huit matchs qu'ils ont disputés ensemble la saison précédente. Mais Liverpool a tout de même encaissé plus de buts que les trois équipes qui l'ont précédé au classement. Klopp a recruté le défenseur latéral Andy Robertson en provenance de Hull City, mais il sait qu'il est essentiel pour ses projets futurs de recruter un nouveau défenseur central doté de réelles qualités de *leader*. Le capitaine de Southampton, Virgil van Dijk, est sa cible numéro 1.

« À l'époque, il était le défenseur central le plus convoité d'Angleterre », se souvient Klopp. « Pendant les deux années où il a joué à Southampton avant de se blesser, c'était vraiment incroyable. Je l'avais déjà vu jouer au Celtic, mais il n'était pas encore un joueur de classe mondiale. J'avais vu un très bon défenseur central, mais je n'en avais pas besoin à ce moment-là. Et quand nous avons eu besoin de lui, il était clair qu'il pouvait franchir ce dernier pallier avec nous. »

Manchester City et Chelsea étant également intéressés et les Saints peu enclins à vendre, l'affaire n'allait pas être facile, mais elle s'est avérée être l'une des plus longues sagas « mercato » de l'histoire.

Liverpool s'intéresse à Van Dijk dès le mois d'avril 2017 et souhaite le recruter pendant la période de transfert estivale. La défense de Liverpool est très vulnérable et Jürgen Klopp pense que Van Dijk pourrait être le talisman d'une nouvelle ère glorieuse à Anfield. Southampton, cependant, est catégorique : Van Dijk n'est pas à vendre et, après une certaine controverse, le mercato s'est clos sans accord. Une longue liste d'options alternatives est débattue, mais Klopp n'en démord pas : le grand Néerlandais est le seul joueur qu'il désire. « Il n'y avait personne qui était vraiment meilleur », certifie le manager.

Ce dernier prend la décision d'attendre, ce qui représente un énorme pari qui suscite des inquiétudes compréhensibles parmi les supporters. Certains pensent qu'il a eu raison d'attendre, d'autres craignent que sa décision ait un effet négatif sur les chances de succès de l'équipe cette saison-là.

« Au moment de rejoindre un club, la première chose que l'on regarde, c'est le manager. Jürgen Klopp a été l'une des principales raisons pour lesquelles j'ai choisi Liverpool. Dès le début de notre conversation, il a vanté les mérites du club. J'ai écouté et je me suis dit que cela semblait être la solution parfaite pour moi. Le boss a quelque chose de spécial, c'est certain, mais pour moi, ce qu'il possède plus que d'autres, c'est sa gestion des hommes. Aujourd'hui, c'est très important dans le football. Il remplit l'équipe de confiance et la tire vers le haut, tandis qu'individuellement, il nous inspire vraiment en tant que joueur. Je l'ai senti tout de suite lors de mon premier match. Initialement, je ne devais pas jouer, mais il a changé d'avis et je suis très heureux qu'il l'ait fait parce que ce fut une soirée inoubliable pour moi. Le début de quelque chose de spécial. »

**VIRGIL VAN DIJK,**
LIVERPOOL FC, 2018–PRÉSENT

Standard
Chartered

WU
WESTERN UNION
21

**Page précédente :** Virgil van Dijk, qui célèbre son but avec Alex Oxlade-Chamberlain, n'oubliera pas ses débuts à l'Anfield.

Au cours de la première moitié de la saison 2017-2018, ceux qui doutaient ont eu toutes les raisons du monde pour justifier leur sentiment de méfiance. L'équipe a encaissé trois buts ou plus dans cinq rencontres.

Pour une équipe de nouveau en lice pour le titre et qui est à la lutte en vue de se qualifier pour la phase de groupes de la Ligue des champions, cette inquiétude ne fait que renforcer la détermination de Klopp à s'attacher les services de Van Dijk. Il croit fermement qu'avec lui dans l'équipe, Liverpool serait capable de franchir un palier.

Klopp n'a jamais abandonné et, entre Noël et le Nouvel An, un accord est finalement conclu. Il a fallu débourser un nouveau montant record pour le club, mais Klopp est ravi d'avoir enfin trouvé son homme.

« Nous voulions Virgil cet été, mais nous n'avons pas pu le transférer. C'était très important et cela a changé beaucoup de choses pour nous. Lorsque Virgil a pris sa décision, ce fut une journée fantastique. Un grand jour dans notre histoire et un message très puissant. »

Van Dijk est un colosse des temps modernes et une réminiscence de l'ancien capitaine de Liverpool, Ron Yeats, autour duquel Bill Shankly avait construit sa première grande équipe. Klopp n'a pas invité les journalistes à « en faire le tour », comme Shankly l'avait fait avec Yeats en 1962, mais l'impact de son recrutement aura un impact similaire.

Après s'être vu attribué le numéro 4, Van Dijk est impatient de marcher sur les traces d'une telle légende et de revêtir le célèbre maillot rouge. « Avec l'histoire du club, le manager, les supporters et tout ce qui l'entoure, c'est un match parfait, parfait pour moi, et le moment pour moi d'être ici », a-t-il expliqué.

Quatre jours plus tard, le nouveau défenseur central du club est plongé dans l'atmosphère frénétique d'un derby de la Mersey à Anfield pour le troisième tour de la Cup, un vendredi soir glacial, et Klopp admet qu'il a hésité à le faire jouer.

« Ce fut une décision spontanée. Le matin, j'ai pensé qu'il ne jouerait pas. Ce n'est pas que je ne voulais pas qu'il joue, mais c'était le premier match, contre Everton. Si les choses s'étaient mal passées, cela aurait été un mauvais départ et nous voulions un bon départ pour lui. Mais je me suis dit qu'il était prêt, alors nous l'avons aligné et ce fut une décision géniale. »

Dans une rencontre âpre où la lutte est acharnée, Van Dijk se montre à la hauteur. Le débutant fait preuve de classe et de sang-froid dès la première minute, remportant aisément ses duels aériens et relançant intelligemment. James Milner ouvre le score sur penalty en première période, avant qu'Everton n'égalise après la pause. À six minutes de la fin, alors qu'un match à rejouer est de plus en plus probable, sur un corner tiré de la gauche, l'imposant défenseur central s'élève majestueusement au-dessus des maillots bleus et propulse le ballon de la tête au fond des filets, devant le *Kop*.

Le scénario n'aurait pas pu être mieux écrit. Anfield explose de joie. Les supporters ont trouvé un nouveau héros. « L'attente des supporters peut mettre la pression à un joueur. Il est évident qu'il a supporté la pression. C'est un conte de fées et il n'y a plus beaucoup de contes de fées dans le monde », salue Klopp après coup.

Après un seul match, les longs mois d'attente pour recruter Van Dijk et la dépense record qu'elle a exigée semblent en avoir valu la peine. Il est le nouveau roc défensif du Liverpool de Jürgen Klopp, et bien plus encore. Très vite, tout le monde va parler de lui.

**Ci-dessus :** Excellents débuts de Virgil van Dijk à Liverpool avec la victoire contre Everton, à Anfield.

# LE CONTE DE DEUX CITÉS

**Liverpool - Manchester City | Quart de finale aller, Ligue des champions, 4 avril 2018**

La rivalité considérée aujourd'hui comme l'une des plus importantes du football anglais est née à Anfield, en avril 2018 lors d'une rencontre européenne.

Jusqu'à cette date, en dépit de leur proximité géographique, Liverpool et Manchester City avaient coexisté assez pacifiquement. Toute l'animosité envers la prochaine grande ville sur la M62 était traditionnellement réservée aux supporters de United, et vice versa. On ne s'attendait pas à moins entre les deux clubs les plus titrés d'Angleterre.

Mais City était désormais en pleine ascension. Quelques mois après avoir battu Liverpool aux tirs au but en finale de la Coupe de la Ligue en février 2016, le club avait confié la direction de l'équipe à Pep Guardiola qui le conduirait au titre de champion lors de la saison 2018-2019.

Klopp et Guardiola se connaissent très bien. Ils ont été rivaux en Allemagne dans leurs anciens clubs respectifs, Dortmund et Munich. Ils sont tous deux considérés comme les plus grands managers. Klopp ne tarit pas d'éloges sur son homologue :

« Je le respecte beaucoup. J'ai énormément de respect pour lui. Je pense qu'il est le meilleur manager du monde. »

City, en tête du championnat d'Angleterre, nourrit de sérieux espoirs de remporter le titre européen pour la première fois et se présente en favori. C'est exactement le type de défi que Klopp aime relever. « Ce qu'ils font, ils le font au plus haut niveau, mais nous savons qu'il y a une chance. Et c'est tout ce dont j'ai besoin. »

Le réveil pour City est brutal. Dès la première minute, un bruit assourdissant et une marée rouge submergent les visiteurs en état de choc.

Les Reds démarrent pied au plancher et punissent leurs adversaires de les avoir obligés à attaquer face au Kop en première période. Le style de contre-pression de Klopp empêche City de prendre ses aises sur le terrain et, en un rien de temps, ces derniers ont vu leurs aspirations en Ligue des champions sombrer dans la Mersey. « Il n'y a pas d'autre solution pour battre City », explique Klopp. « Vous pouvez vous recroqueviller dans votre surface et espérer tenir, mais nous sommes Liverpool et nous devons essayer de gagner en jouant ainsi. »

Mo Salah, avec son trente-huitième but d'une première saison très prolifique au club, porte le premier coup. La recrue estivale Alex Oxlade-Chamberlain double la

**Ci-contre :** Mo Salah ouvre le score contre Manchester City lors d'une soirée européenne mémorable à Anfield.

**Ci-dessus :** Alex Oxlade-Chamberlain double l'avantage de Liverpool pour un cinglant succès (3-0).

« Une personnalité à part, avec un tel charisme, une telle énergie et la capacité d'emmener tout un club dans son sillage. Il l'a complètement transformé en l'unifiant derrière lui. Cela s'est senti dès le premier jour. La confiance qu'il irradiait, les mots qu'il prononçait, sa façon de susciter l'adhésion des gens, sa relation avec les supporters et les joueurs. Il était fait pour cette aventure. D'un point de vue tactique, nous devions trouver un moyen de casser sa pression. Ils mettaient une intensité incroyable. Ils étaient capables de récupérer le ballon très haut et sur toute la largeur. Quand ils jouaient comme ça, on savait ce qui allait se passer. On allait se retrouver acculés dans les espaces ouverts, pressés par trois joueurs très rapides qui nous empêchaient de mettre notre jeu en place. Il a apporté quelque chose de différent à la Premier League. Il a eu une influence monumentale sur le football anglais. »

**MIKEL ARTETA,**
ENTRAÎNEUR ADJOINT
DE MANCHESTER CITY, 2016-2019,
MANAGER D'ARSENAL, 2019-PRÉSENT

mise rapidement avant que Sadio Mané ne marque de la tête pour porter le score à 3-0 un peu après la trentième minute de jeu.

Oxlade-Chamberlain ajoute rapidement un deuxième but avant que Sadio Mané ne porte le score à 3-0.

**Ci-dessus :** Le manager et son capitaine applaudissent les supporters à la fin du quart de finale aller.

Plus aucun but n'est inscrit, mais le mal est fait. Les écharpes virevoltent et les supporters de Liverpool se délectent d'une victoire qu'ils n'auraient jamais pu imaginer aussi éclatante. « Nous avons battu la meilleure équipe du monde », se réjouit Klopp après la rencontre.

Liverpool confirma sa supériorité à Manchester la semaine suivante, au retour. Les Skyblues sont autoritairement remis à leur place. Un avertissement lourd de menace a été délivré, signe annonciateur que quelque chose de grand se prépare à Anfield avec Klopp à la barre.

Le géant rouge s'est réveillé, mais Guardiola et City, qui ont eu du mal à se remettre de cette défaite, joueront les trouble-fêtes dans la quête de succès de Liverpool au cours des prochaines saisons. Une nouvelle rivalité est née.

# *ARRIVEDERCI ROMA*

**Liverpool – AS Roma | Demi-finale retour de la Ligue des champions, 2 mai 2018**

Parce que Liverpool y a remporté deux fois la coupe d'Europe des clubs champions en 1977 et 1984, Rome est un lieu à part pour les supporters des Reds. La capitale italienne occupera toujours une place spéciale dans leurs cœurs. Plusiuers managers légendaires du Liverpool FC s'y sont imposés : Bob Paisley, Joe Fagan et Gérard Houllier. C'est pourquoi, à l'instar des Romains, les *Scousers* croient dur comme fer à la légende de la Ville éternelle. Au printemps 2018, le nom de Jürgen Klopp est sur le point de rejoindre cette liste de noms illustres.

Avec un défenseur prénommé Virgil dans ses rangs, c'était peut-être le destin, car c'est un poète homonyme qui a déclaré que Rome était « un empire sans fin ». Les Romains pensaient que même si l'empire s'écroulait, la ville serait éternelle. Les supporters de Liverpool ont la même certitude vis-à-vis de leur club et Klopp est leur nouvel empereur.

Comme très souvent par le passé, Liverpool est de nouveau le porte-étandard du pays en Europe. Pour sa première participation à la Ligue des champions depuis 2014, le parcours de Liverpool jusqu'au dernier carré a été aussi inattendu qu'exaltant.

Grâce à la stabilité défensive apportée par la nouvelle recrue Virgil van Dijk, l'équipe s'est considérablement améliorée au cours de la deuxième partie de saison de la campagne. Sur le plan national, cela n'a pas encore suffi pour rivaliser avec le *leader* de la Premier League, Manchester City, mais les Reds ont franchi les deux premiers tours à élimination directe de la compétition la plus disputée du continent.

La transformation opérée par Klopp est remarquable. En un peu plus de deux ans, il a mené une équipe semblait-il ancrée dans la médiocrité jusqu'aux portes d'une finale que Liverpool n'avait plus disputée depuis onze ans. Le drapeau rouge flotte à nouveau partout en Europe.

Mais surtout il a modifié l'opinion des gens sur Liverpool. À l'approche de cette demi-finale, plus personne ne doute du droit des Reds de lutter contre la crème du continent. Les Mighty Reds d'Europe, comme le dit la chanson, ont retrouvé leur place.

Deux intrigues secondaires ont marqué la préparation de ce match incroyable. Tout d'abord, les supporters de l'AS Roma, adversaire de la demi-finale, n'ont jamais oublié la douleur de la défaite à domicile face à Liverpool en 1984, qui les avait privés du premier titre européen de leur histoire. Le tir au but d'Alan Kennedy qui donna la victoire à Liverpool lors de la séance de tirs au but a laissé une trace indélébile dans leur histoire. Plus de trois décennies se sont écoulées, mais les Romains parlent toujours de venger un jour cette défaite.

« Ramener Liverpool en Ligue des champions a été une grande réussite, mais Jürgen ne s'est jamais contenté d'une qualification. Lorsque son équipe est engagée dans une compétition, c'est pour la gagner et nous avons été très heureux de participer à la finale lors de notre première campagne. Il a progressivement redressé le club et nous étions assez confiants en nous rendant à Rome. Il n'est jamais facile de jouer au stade olympique. Jürgen a tout de suite dit que nous devions aborder le match retour comme si nous avions fait 0-0 à l'aller. Notre défaite au retour lui est restée en travers de la gorge, mais la qualification pour une autre finale a été un grand moment et une preuve supplémentaire des progrès accomplis. Jürgen est un leader naturel qui n'a pas fléchi une seconde dans sa volonté de ramener le succès à Anfield. »

**PETER KRAWIETZ,**
LIVERPOOL FC, ASSISTANT MANAGER
2015–2024

Les retrouvailles de Mo Salah avec son ancien club, un peu moins d'un an après avoir porté pour la dernière fois le maillot de l'AS Roma, sont la deuxième petite histoire de cette demi-finale.

À l'aller à Anfield, Salah est en feu. Il marque deux fois et délivre deux passes décisives. Liverpool déchaîné balaye les Romains. À 5-0 après soixante-huit minutes de jeu, un score record à ce stade de la compétition semble tout à fait envisageable. Même si le match n'était pas terminé, les supporters auraient pu être pardonnés de parcourir Internet à la recherche de vols bon marché vers Kiev pour la finale.

Mais lorsque la Roma réduit l'écart en marquant deux buts dans les neuf dernières minutes et manque de peu d'en inscrire un troisième, chacun range son téléphone dans sa poche. La prudence est d'autant plus de mise que les Italiens ont remonté un déficit du même ordre en quart de finale contre Barcelone.

Avant le match retour à Rome, une semaine plus tard, Klopp reste confiant. « Nous avons été très positifs à Anfield et après le match, quelques personnes ont eu l'impression que nous avions perdu, mais ce n'est pas le cas. Nous sommes dans une situation bien meilleure que ce que j'aurais pu imaginer. Beaucoup mieux. »

Interrogé sur la façon dont son équipe abordera le match, il ajoute : « Il n'y a pas de plan parfait. Si vous voulez vraiment gagner, vous devez d'abord accepter que vous pouvez perdre. Nous devons être courageux et se servir mieux qu'eux de leur position. Nous avons besoin de cette situation parce qu'ils doivent gagner contre nous et qu'ils doivent prendre des risques. Nous devons nous en servir. »

**Ci-dessous :** Alisson Becker, gardien de but de l'AS Roma, protège le ballon devant son futur coéquipier Mo Salah.

**Ci-dessus à gauche :** Sadio Mané célèbre avec les fans la qualification pour la finale.

**Ci-dessus à droite :** La joie de Jürgen est démonstrative lorsque le coup de sifflet final retentit au Stadio Olimpico de Rome.

Le Stadio Olimpico de Rome peut être une arène intimidante, mais lorsque Sadio Mané ouvre le score pour Liverpool après seulement neuf minutes de jeu, tous les doutes d'avant-match semblent avoir été dissipés. Le malheureux James Milner marque contre son camp peu après, mais Georginio Wijnaldum redonne rapidement l'avantage aux Reds.

Mais la soirée est loin d'être terminée. La Roma réduit le déficit cumulé en début de seconde période et prend l'avantage, à quatre minutes de la fin. Elle doit marquer encore deux buts pour être à égalité sur les deux manches. Le temps joue contre la Roma, mais lorsqu'elle marque sur penalty à la dernière minute, les nerfs des supporters des Reds se tendent.

En position favorable pendant presque toute la rencontre, Liverpool, fatigué, doit tenir à tout prix pour éviter une demi-heure supplémentaire. « Ce fut un petit peu mouvementé, plus mouvementé que je ne l'aurais voulu », admet Klopp. « C'est la première fois que nous délivrons une prestation inférieure à notre niveau. Je ne sais pas si nous aurions tenu le coup pendant une prolongation. »

Heureusement, Liverpool résiste à la tempête. Il n'aura donc jamais la réponse. Le coup de sifflet final donne lieu à des scènes de joie entre les joueurs sur le terrain et les cinq mille supporters qui vocifèrent dans les tribunes.

Le manager reconnaît par la suite que le sort a parfois favorisé son équipe, et s'avoue soulagé et ravi de l'avoir emmenée en finale. « Nous avons eu un peu de chance et nous en avions besoin, mais sur l'ensemble de la campagne, c'est mérité. Nous avons dû passer par le tour de barrage pour participer à la compétition et maintenant nous sommes en finale, je suis donc ravi. »

Déterminé à savourer ce moment particulier, Klopp est ressorti des vestiaires trente minutes plus tard pour célébrer une nouvelle fois devant les supporters. « Ils nous ont suivis dans toute l'Europe. Voir leurs visages heureux est ce qu'il y a de plus merveilleux en football. »

Liverpool a perdu la bataille mais gagné la guerre. Rome a été conquise une nouvelle fois et l'armée rouge de Jürgen Klopp marche vers sa prochaine croisade.

# *ONE KISS*

**Liverpool – Real Madrid - Finale Ligue des champions, 26 mai 2018**

Pour vraiment apprécier les bons moments, il faut, parait-il, d'abord endurer les mauvais. Mais cela n'aurait pas consolé Jürgen Klopp qui a connu sa plus grande désillusion en tant que manager de Liverpool en Ukraine, là où il espérait vivre un soir de gloire.

C'était le point culminant d'une saison au cours de laquelle Klopp avait réussi à convertir les supporters sceptiques en fidèles. Le parcours de l'équipe jusqu'à la première finale de la Ligue des champions depuis plus de dix ans avait convaincu tout le monde qu'elle allait dans la bonne direction et qu'elle pouvait imiter certaines de ses illustres devancières.

Avec Mo Salah, les Reds peuvent s'enorgueillir de posséder l'un des finisseurs les plus craints du continent. Sa première saison au club n'aurait pas pu mieux se dérouler. Après avoir marqué dès sa première apparition, il a continué à faire trembler les filets à un rythme impressionnant. Ses trente-deux buts inscrits en Premier League lui permettent de remporter le Soulier d'or. Il est le premier joueur de Liverpool à réussir cette performance depuis Luis Suarez en 2014.

En Europe, ses onze buts ont contribué à propulser Liverpool vers la finale, et le trident offensif dont il est le fer de lance avec Roberto Firmino et Sadio Mané est en train de devenir l'un des plus excitants jamais vus à Anfield.

Parmi les autres recrues récentes de Klopp, Virgil van Dijk s'est parfaitement intégré

**Ci-dessous :** Les supporters de Liverpool à Kiev pour la finale de la Ligue des champions 2018 contre le Real Madrid.

à l'arrière, apportant avec lui le calme qui manquait, Andy Robertson s'est approprié le poste d'arrière gauche, tandis qu'Alex Oxlade-Chamberlain s'est montré efficace en marquant des buts essentiels, mais s'est malheureusement blessé gravement lors de la demi-finale aller contre l'AS Roma.

S'il y avait un sujet de préoccupation, ce serait le poste de gardien de but, où Loris Karius a délogé Simon Mignolet, mais pour la deuxième année consécutive, la colonne des buts encaissés s'est améliorée. Malgré des éliminations prématurées dans les deux coupes nationales, la forme de Liverpool en Premier League a de nouveau été impressionnante et une victoire 4-0 à domicile contre Brighton & Hove Albion lors de la dernière journée lui a permis de terminer dans les quatre premiers pour la deuxième saison consécutive.

Mais c'est en Ligue des champions que l'équipe de Klopp a vraiment attiré l'attention. L'impressionnante manière dont elle est sortie indemne de la phase de groupes, avant d'écarter Porto, Manchester City et l'AS Roma, a mis en lumière l'excellent travail de l'entraîneur.

Il conduit Liverpool à sa troisième finale de coupe en trois ans, un retour en grâce appréciable mais qui jusque là ne s'est matérialisé par aucun trophée.

« Je ne vois pas de trophées après ces matchs », fustige Klopp avant la finale de la Ligue des champions 2018. « Ils n'accrochent pas de médailles d'argent à Melwood. Il y a encore du pain sur la planche. » Mais comme il allait le découvrir une fois de plus au stade Olympiyskiy de Kiev, la dernière marche vers le succès est souvent la plus difficile à franchir.

N'importe quelle équipe autre que les vainqueurs en série de la Ligue des champions, le Real Madrid, aurait craint une confrontation sur un match avec Liverpool, mais les faveurs des bookmakers se tournent vers les géants espagnols, qui visent une troisième couronne continentale consécutive et leur treizième au total.

Klopp croit fermement en les chances de son équipe, et s'empresse de rappeler à tout le monde pourquoi : « Nous sommes Liverpool. C'est aussi simple que cela. »

Inspirés par les convictions de leur manager, les Reds se rendent par milliers dans la capitale ukrainienne, prêts à faire la fête et à se forger de nouveaux souvenirs sur les rives du Dniepr. Ils dansent toute la journée dans le parc Shevchenko, où ils ont accroché des drapeaux rouges et des banderoles aux arbres, puis chantent avec Dua Lipa dans le stade avant le coup d'envoi.

Sur le terrain, malgré son étiquette d'*outsider*, Liverpool est confiant et démarre fort, avant de s'effondrer à la demi-heure de jeu lorsque Mo Salah est contraint de quitter le terrain en larmes, tenant son épaule blessée par un choc avec Sergio Ramos.

« Un moment important du match », analyse Klopp avec diplomatie au sujet de l'incident, qui va avoir un effet préjudiciable sur le résultat final. Après avoir perdu sa

**Ci-dessus à gauche :** Mo Salah quitte le terrain après s'être blessé lors d'un choc avec Sergio Ramos.

**Ci-dessus à droite :** Si proche et pourtant si loin… la couronne européenne échappe à Jürgen pour la deuxième fois.

principale arme offensive dans des circonstances aussi controversées, le début de match de Liverpool souffre d'un manque d'efficacité.

L'optimisme s'effrite peu à peu. La situation s'aggrave lorsqu'une erreur de Loris Karius permet à l'équipe de Zinedine Zidane d'ouvrir le score.

Liverpool a le mérite de rebondir… brièvement. Sadio Mané égalise quatre minutes plus tard, avant que le remplaçant Gareth Bale ne redonne l'avantage au Real d'un superbe coup de tête. Une nouvelle erreur de Karius permet à Bale de marquer son deuxième but de la soirée et d'entériner une défaite qui fait mal aux tripes et qui brise le cœur. Les maillots rouges s'effondrent au sol et les larmes coulent. « Ce n'était pas le meilleur scénario pour nous ce soir », lâche un Klopp dépité lors de la conférence de presse d'après-match. « Nous voulions tout et nous n'avons rien eu. »

Une conclusion extrêmement décevante à cette saison si positive et la forme de la défaite rend la pilule encore plus amère. La malédiction des finales de coupe de Klopp a encore frappé.

Le lendemain, dès les premières heures alors que l'Europe du foot se réveille doucement, une vidéo du manager en train de chanter devient virale. L'Allemand envoie un message de défi, signe qu'il y aura toujours une autre opportunité lors de la saison à venir…

« Nous avons vu la Coupe d'Europe, Madrid a eu une p… de chance, nous jurons de rester cools, nous rapporterons la coupe à Liverpool. »

« Trois heures avant la finale de la Ligue des champions à Kiev, nous avons organisé la dernière réunion d'équipe et je pense que Jürgen a senti que nous étions un peu anxieux ou nerveux. Il a commencé la réunion en montrant ses sous-vêtements qui étaient des RC7, c'est-à-dire le numéro 7 de Cristiano Ronaldo. Il a dit : "Je ne l'ai pas fait exprès. C'est ma femme qui emballe mes sous-vêtements et mes chaussettes. C'était le seul qui me restait." Voilà comment nous avons abordé la finale de la Ligue des champions, ce qui nous a enlevé beaucoup de pression. Il a changé ma façon de voir le football. La fameuse tactique de Jürgen Klopp "*gegenpressing*", ce n'est pas un détail, c'est tout un système. Il pouvait l'expliquer très bien et tout le monde comprenait ce qu'il fallait faire. Il est capable de simplifier des choses compliquées. C'est là qu'il est vraiment bon. Il m'a changé en tant que footballeur et en tant qu'être humain. »

**RAGNAR KLAVAN,**
LIVERPOOL FC, 2016–2018

FINAL

# NE JAMAIS ABANDONNER

2018–2019

# ALLEZ, ALLEZ, ALLEZ

**Tournée de pré-saison, juillet 2018**

Malgré la défaite en finale de la Ligue des champions, il règne toujours une atmosphère positive autour de Liverpool à l'été 2018. La renouveau de l'ère Jürgen Klopp dispose même de sa propre bande-son, qui bourdonne dans les oreilles de tout le monde.

« *Allez, Allez, Allez* » est apparu pour la première fois avant les huitièmes de finale à Porto et s'est rapidement imposé, résonnant dans toute l'Europe pendant le reste du parcours passionnant de l'équipe jusqu'à Kiev. Basé sur un air de danse des années 1980 du duo italien Righeira, les paroles ont été réécrites par les Liverpuldiens Phil Howard et Liam Malone. Cette chanson célèbre les exploits européens passés du club, mais elle est aussi très actuelle.

Jamie Webster, alors électricien de 24 ans et musicien à temps partiel, fait partie des milliers de supporters qui ont traversé le continent pour soutenir les Reds à cette époque. Pour lui comme pour beaucoup d'autres, Klopp est le nouveau messie et c'est grâce à lui qu'ils vivent leur meilleure vie en regardant Liverpool.

Webster commence à être connu des supporters locaux du club pour ses prestations dans les pubs autour d'Anfield les jours de match, et se fait surtout une réputation auprès de ceux qui assistent régulièrement aux populaires *Boss Night Sessions* d'après-match dans le centre-ville de Liverpool.

Pour la plupart des supporters qui ont fait le déplacement, le souvenir le plus marquant de Kiev est la fête d'avant-match au parc Shevchenko. Au cœur de cette soirée, Webster interprète le nouvel hymne officieux du club. Sa renommée commençant à s'étendre, il est invité par le club à se produire devant les supporters américains lors de la tournée de pré-saison cet été-là.

Klopp adhère depuis longtemps à la culture unique des supporters de Liverpool, dont Webster est désormais un élément central. Il avoue aimer cette chanson et être un grand fan du chanteur. « J'aime Jamie sans le connaître, car j'ai vu quelques vidéos de lui en train de chanter. C'est vraiment bien qu'il fasse vivre cette chanson ! »

Lorsque l'occasion de le rencontrer se présente au cours de cette tournée, le patron n'hésite pas et décide de faire une visite surprise à l'un des concerts aux États-Unis, dans le Michigan. En pleine représentation, Webster est stoppé dans son élan et, pour une fois, reste sans voix avant de se lancer dans une nouvelle interprétation endiablée de « *Allez, Allez, Allez* ».

« Avec Jamie, la décision d'y aller a été assez facile à prendre », révèle Klopp. « Je n'avais aucune idée de ce qu'il y avait derrière la porte, du nombre de personnes

« Je n'oublierai jamais ma première rencontre avec Jürgen. Il est venu me voir en concert. Après le show, nous avons passé cinq minutes à parler football et musique. Je n'arrivais pas à y croire : le manager de mon club de cœur était venu assister à un de mes concerts et était en train de me poser des questions sur ma vie, moi un jeune *Scouser* qui allait au match. Je l'ai déjà dit, mais Jürgen Klopp est meilleur en tant qu'être humain qu'en tant que manager de football, et cela en dit long, parce que je pense que c'est le meilleur manager de football du monde. Je ne pourrai jamais le remercier pour ce qu'il a fait pour moi. En tant que supporters, nous lui devons tout, et il ne nous doit rien. Jürgen pour toujours. »

**JAMIE WEBSTER,**
SUPPORTER DE LIVERPOOL
ET AUTEUR-COMPOSITEUR-INTERPRÈTE

**Ci-dessus :** Jamie Webster chante devant les fans du Michigan, aux États-Unis, pendant la tournée d'été 2018.

ou autre – je n'étais jamais entré dans cette pièce auparavant. » Le manager s'est empressé de participer au concert, affichant l'enthousiasme dont il fait preuve sur le banc de touche, en chantant couplet et refrain avec le reste du public.

Un moment impromptu qui donne chaud au cœur. Le manager dit parfois que le football consiste à apprécier le voyage et que des chansons comme celle-ci jouent un rôle important à cet égard. « Si nous allons tous dans la bonne direction, les fans, les joueurs et le personnel, ce n'est pas une garantie, mais une formule qui signifie que le succès est plus probable », confie Klopp à Webster.

Voilà un véritable homme du peuple. Un manager à l'écoute de ses supporters. Ensemble, ils rendront Liverpool plus fort.

# ENVAHISSEMENT DE TERRAIN

**Liverpool - Everton | Premier League, 2 décembre 2018**

| Premier League, 2 décembre 2018

En football, il n'y a rien de plus beau qu'une victoire à la dernière minute ou un succès face au rival local. Sous la houlette de Jürgen Klopp, les deux sont devenus monnaie courante à Liverpool. Combinez les deux et, comme le dirait Klopp : « Boom ! »

Près de deux ans se sont écoulés depuis le but de Sadio Mané dans les arrêts de jeu à Goodison Park. Deux ans, c'est parfois long dans le football, mais sur les bords de la Mersey, on n'a pas le droit d'oublier le passé. Les Reds le célèbrent encore et les Toffees ne l'ont toujours pas digéré.

Pour la première fois depuis l'arrivée de Klopp à la tête de l'équipe, Liverpool est un prétendant sérieux au titre et se rapproche du *leader* Manchester City, avec dix victoires et trois nuls sur les treize premiers matchs. Pour ce derby, l'enjeu dépasse la fierté locale. Cela s'est senti dans l'intensité accrue de la rencontre. Les deux équipes parviennent à se neutraliser et les occasions sont gâchées de part et d'autre.

À la quatre-vingt-sixième minute, Klopp joue sa carte maîtresse : l'attaquant oublié Divock Origi remplace Roberto Firmino. Un changement qui ne déclenche guère d'inquiétude dans le vestiaire adverse. Origi n'avait joué que onze minutes en équipe première cette saison et n'avait pas joué en Premier League depuis la première journée

**Ci-dessous et page suivante :** Jordan Pickford ne peut empêcher Divock Origi de marquer de la tête un but sensationnel en fin de match.

« Avec sa personnalité et sa vision, Jürgen a eu un énorme impact sur ce club et une influence incroyable sur moi. Il a été une figure paternelle pour moi. J'étais très jeune quand il est devenu mon entraîneur et il m'a aidé à grandir, sur et en dehors du terrain. Il savait tirer le meilleur de moi et m'a toujours montré la plus grande confiance. Cela m'a donné les certitudes dont j'avais besoin lorsque j'entrais sur le terrain. Au moment de mon entrée en jeu contre Everton, il m'a dit : "Vas-y et joue ton jeu." C'était un match sous haute pression, mais il savait ce dont j'étais capable. Le but ressemble à une scène de film. Le scénario n'aurait pas pu être mieux écrit. Jürgen est un manager très spécial et, comme Shankly, Dalglish et Gerrard, c'est un pilier important de l'histoire de Liverpool. »

**DIVOCK ORIGI,**
LIVERPOOL FC, 2014–2022

Standard
Chartered

**Ci-dessus :** Nouvelle victoire inoubliable dans le derby de la Mersey.

de la campagne précédente. « Jusqu'à la dernière seconde, nous voulions gagner et nous souhaitions le montrer en faisant entrer des attaquants. »

Dans le temps additionnel, les visiteurs semblent se contenter du match nul, convaincus d'avoir bien joué et de ne pas craindre la défaite. Klopp pense le contraire.

Au milieu des sifflets et des huées des spectateurs, et d'un dernier rugissement du *kop*, un long ballon dans la surface de Trent Alexander-Arnold est dégagé de la tête, directement sur Virgil van Dijk qui le reprend de volée à l'entrée de la surface et l'expédie dans les airs… en direction du but d'Everton.

Les supporters se dirigeaient déjà vers les sorties. Le portier qui évalue mal la trajectoire parvient avec difficulté à le repousser sur la barre mais Origi se précipite sur le ballon et, à bout portant, le Belge catapulte le ballon de la tête dans la cage, déclenchant des scènes de folie.

Le long de la ligne de touche, Klopp perd tout contrôle et sprinte sur quarante mètres pour sauter dans les bras d'Alisson Becker avant de revenir en trombe pour donner l'accolade à son assistant Pep Lijnders. « Le but est chanceux, bien sûr, mais c'était un match long et ouvert et je pense que nous méritions les trois points. »

Le but d'Origi fera à jamais partie du folklore d'Anfield. Klopp s'excusera par la suite de son excès d'enthousiasme mais, vu les circonstances, qui lui en voudrait ?

# *SAVE OF THE SEASON*

**Liverpool - Naples | Phase de groupe Ligue des champions, 11 décembre 2018**

En décembre 2018, les espoirs de remporter la Ligue des champions pourraient être une nouvelle fois déçus. On joue la sixième et dernière journée de la phase de groupe. Contrairement à la saison précédente où les Reds étaient resté invaincus, cette année, trois défaites à l'extérieur les ont condamnés à un angoissant « gagner ou mourir ».

Après avoir dépassé les attentes et avoir atteint la finale un an plus tôt, ils font cette fois-ci pâle figure dans la compétition et risquent désormais d'être renversés en Ligue Europa. Pour Jürgen Klopp, c'est un scénario cauchemardesque... qu'il n'ose pas envisager.

Après s'être encore renforcée cet été, l'équipe de Liverpool était pourtant, à ses yeux, plus proche que jamais d'atteindre ses objectifs.

La recrue la plus importante a été le gardien de la Roma, Alisson Becker, qui jouit d'une excellente réputation. Au vu des erreurs qui ont émaillé la finale de Kiev, Klopp avait immédiatement donné la priorité à la recherche d'un nouveau portier et n'a pas hésité à faire d'Alisson le gardien le plus cher de la planète. Qualifié par l'un de ses anciens entraîneurs à la Roma de « Messi des gardiens » parce qu'il pouvait « définir une époque », les cinq buts encaissés à Anfield en mai n'ont pas modifié l'opinion du manager.

« Lorsque l'opportunité de signer l'un des meilleurs gardiens de but du monde s'est présentée, nous n'avons pas eu besoin d'y réfléchir longtemps », explique Klopp. « Je pense qu'on devait le faire. Ce n'est pas lui qui a fixé le prix. Ce n'est pas nous non plus. C'est le marché, c'est ainsi. Inutile de s'appesantir sur le montant. Cela montre juste la valeur des gardiens de but en ce moment. »

Les autres nouvelles recrues sont les milieux de terrain Fabinho (Monaco), Naby Keita (RB Leipzig) et Xherdan Shaqiri (Stoke City), plus offensif. Mais le « gardien » brésilien était le chaînon manquant. Alisson est la dernière pièce du puzzle de Klopp, la base essentielle de la colonne vertébrale de l'équipe. Ce sont précisément pour ces soirées et ces situations que l'on recrute des grands joueurs comme Alisson Becker.

Liverpool, troisième du groupe au début de la rencontre, doit gagner sans encaisser de but ou par deux buts d'écart pour assurer sa qualification. Les Reds n'auraient jamais dû se retrouver dans cette position, mais Klopp garde espoir. « Nous avons une chance et nous allons tout donner pour essayer de la saisir », assure-t-il d'une voix ferme avant le match. Naples, dirigée par Carlo Ancelotti, occupe la deuxième place derrière le leader, le Paris Saint-Germain.

**Ci-dessus :** Mo Salah marque l'unique but du match contre Naples.

L'Étoile Rouge de Belgrade, lanterne rouge, a, également, encore une chance de se qualifier. La situation est loin d'être simple, mais un autre match difficile nous attend, une rencontre qui exige du sang-froid et deux mains fermes.

Et également les talents de buteur de Mo Salah. Le roi égyptien marque le but décisif à la trente-quatrième minute en s'infiltrant dans la zone de vérité pour battre le gardien au premier poteau. « Un but incroyable », apprécie Klopp. Ce n'est que le premier acte d'une soirée extrêmement angoissante. « La période la plus difficile a été celle qui a suivi le 1-0 », ajoute l'Allemand. « On a ressenti un petit soulagement et puis, tout de suite, Naples est revenu. C'est ce qui a rendu le match si intense. »

Le 1-0 suffisait pour permettre à Liverpool de se qualifier, mais d'autres buts permettraient de réduire la tension qui monte autour d'Anfield. Le moindre but italien éliminerait les Anglais. Faut-il alors s'accrocher ou tout donner pour marquer encore ? Liverpool tente d'inscrire un nouveau but. En vain. Plus le temps passe, plus la menace napolitaine s'accroît.

Alisson a déjà connu des soirées plus chargées, mais sa capacité de concentration est essentielle. À chaque sollicitation, il montre exactement pourquoi Klopp était prêt à dépenser autant pour lui. À la troisième minute du temps additionnel, il sauve le peuple rouge en réalisant ce qui reste peut-être son arrêt le plus célèbre, une parade stupéfiante à bout portant, devant Arkadiusz Milik.

Oublié par la défense dans les six mètres, le remplaçant du Napoli n'aurait pas pu rêver d'une occasion plus franche. Le temps semble s'être arrêté et les cœurs

« À la façon dont Jürgen s'est adressé au *staff* lors de notre première réunion, on avait l'impression qu'il nous connaissait tous depuis des années. Ses compétences en matière de gestion humaine sont exceptionnelles et sa positivité transparaissait. Il a rallié tout le monde derrière l'équipe et a ravivé la conviction que nous pouvions devenir une des meilleurs équipes d'Europe. Il a le dernier mot sur tout, mais il a encouragé ses adjoints à donner leur point de vue. Il écoutait toujours mes avis et avait confiance en mon opinion. J'ai suivi les progrès d'Ali depuis 2013. Je savais qu'il était bon. Nous avons souvent travaillé pour reproduire des situations de match à l'entraînement, mais il est difficile de se préparer à ce qui s'est passé contre Naples. Cet arrêt a été déterminant pour notre saison et pour tout ce qui a suivi, mais tout le mérite en revient à Jürgen. Nous avons tous progressé en travaillant avec lui et, pour ce qu'il a accompli ici, il mérite une statue. »

**JOHN ACHTERBERG,**
ENTRAÎNEUR DES GARDIENS DU LIVERPOOL FC,
2009-2024

**Ci-dessus :** Alisson Becker, le héros du jour.

cessent de battre lorsqu'il frappe, mais Alisson jaillit brusquement de sa cage pour faire barrage de son corps et effectuer cet arrêt décisif.

Si le ballon était entré dans le but, le périple de Liverpool vers Madrid (où se déroulera la finale) se serait terminé en un instant. Après coup, Klopp ronronne fièrement : « Quel match ! Je ne suis pas sûr qu'un manager puisse être plus fier de son équipe que je le suis. Un match de folie, avec beaucoup de contre-attaques, mais nous y étions préparés. »

Il réserva le plus grand éloge à son gardien, ce qui n'est pas surprenant. « Je ne sais pas comment il a pu faire un tel arrêt. Je n'ai pas de mots pour le décrire. Ce soir, il nous a sauvé la vie. Si j'avais su qu'Alisson était aussi bon, j'aurais payé le double pour l'avoir. »

Alisson n'a pas seulement assuré la qualification de Liverpool pour la phase à élimination directe de la compétition pour la deuxième saison consécutive et maintenu le club sur la voie d'une éventuelle sixième étoile, il a aussi mis un terme à une tendance : jusqu'à présent, à Anfield, les héros européens étaient des buteurs. Pour une fois, c'est un gardien qui reçoit les honneurs et à juste titre.

Cela montre l'importance d'avoir une colonne vertébrale solide et cela justifie la décision de Jürgen Klopp de recruter Alisson Becker. La saison de Liverpool retrouvait tout son intérêt.

# ÉLIMINER LE BAYERN

**Bayern Munich - Liverpool | Huitièmes de finale retour Ligue des champions, 13 mars 2019**

Jürgen Klopp est un homme en mission. Passé tout près de remporter la Ligue des champions en 2017-2018, il est déterminé à faire mieux cette saison. Mais s'il veut maintenir Liverpool sur la bonne voie, il doit d'abord exorciser certains démons de son passé.

Le spectre du Bayern Munich le hante depuis que son équipe, le Borussia Dortmund, a été battue en finale à Wembley six ans plus tôt. S'il parvient à vaincre son vieil ennemi sur le chemin de la finale, cela rendra la victoire encore plus douce.

En championnat, Liverpool est à la lutte avec Manchester City, en tête du classement de la Premier League, et il se murmure que l'Europe pourrait représenter une distraction pour les ambitions de titre. Une courte défaite à l'extérieur contre City début janvier reste le seul revers en championnat, et l'on pense sincèrement dans tout le royaume que cette année pourrait être celle où Liverpool retrouvera enfin sa couronne.

Liverpool espérait également remporter un sixième sacre en C1. Au retour, le boss qui retrouvait son pays natal affirmait que son équipe pouvait l'emporter sur les deux fronts.

**Ci-dessus :** Les spectateurs de l'Allianz Arena de Munich sont réduits au silence par l'une des plus grandes performances européennes de Liverpool.

« Les deux rencontres en huitièmes de finale de Ligue des champions, en 2019, contre le Liverpool de Jürgen avaient été deux expériences extraordinaires, mais à l'époque, ils étaient trop forts. Nous n'étions pas dans notre meilleure forme et la défaite fut dure à encaisser. Depuis, j'ai vécu une expérience formidable, qui a changé ma vie, en jouant sous ses ordres à Liverpool, où j'ai appris à évoluer dans un style de jeu différent. Son objectif était simple. Pendant les matchs, il voulait que nous restions sereins au milieu du chaos. Il nous demandait de jouer un football à haute intensité pour poser des problèmes à nos adversaire et exposer leurs faiblesses. Il faut du temps pour comprendre ce style de jeu et s'habituer à prendre des décisions en jouant à mille à l'heure, mais Jürgen m'a aidé à m'adapter et à évoluer. Je lui suis reconnaissant de m'avoir permis de vivre dans cette ville, de jouer pour ce club et de devenir membre de cette communauté. »

**THIAGO ALCANTARA,**
LIVERPOOL FC, 2020–2024

Après le match nul et vierge frustrant concédé à l'aller, à Anfield, le Bayern est en position favorable. La tâche de Klopp, à Munich, devient encore plus ardue lorsque son capitaine, Jordan Henderson, sort sur blessure après seulement treize minutes de jeu, à l'Allianz Arena.

Ce coup du sort fut, en réalité, un de ces moments clés qui soudent et galvanisent une équipe. Au milieu de la première période, Liverpool prend l'avantage grâce à un but spectaculaire de Sadio Mané, un but d'une telle importance que Klopp admit, par la suite, qu'il « le regarderait mille fois ».

Un but qui ouvre la voie vers la qualification pour Liverpool. Le Bayern revient à égalité lorsque Joel Matip détourne malencontreusement le ballon dans ses propres filets juste avant la mi-temps, mais ce nouveau coup du sort ne semble pas troubler le manager. « Dans ce genre de match, il y a toujours des erreurs. Il faut rester dans le match et faire la différence pendant vos temps forts. »

Après la pause, Liverpool reprend le contrôle du jeu, musèle les stars de l'attaque du Bayern et assure la qualification en inscrivant deux nouveaux buts par Virgil van Dijk et Mané de nouveau. « Chaque fois que nous avons posé notre jeu, nous avons immédiatement détruit l'organisation du Bayern. Notre victoire est absolument méritée », se réjouit Klopp.

La fébrilité du début de soirée a disparu et la soirée s'achève dans la sérénité ; Liverpool a délivré une très grande prestation. L'équipe de Klopp a donné la leçon à son adversaire et obtenu l'un des meilleurs résultats de son histoire à l'étranger. « Ce soir, nous avons montré que le Liverpool FC était de retour au plus haut niveau européen », déclare avec fierté le manager allemand.

Pour Jürgen Klopp, cette victoire à Munich est capitale. La douleur que lui avait infligée le Bayern par le passé est enfin apaisée et Liverpool a fait un grand pas en avant pour vaincre ses propres démons en Ligue des champions.

**Ci-dessus à gauche :** Le sourire de Jürgen en dit long après la victoire dans son pays d'origine.

**Ci-dessus à droite :** Virgil van Dijk s'élève plus haut que tout le monde pour redonner de l'élan à Liverpool.

# UN CORNER JOUÉ RAPIDEMENT

**Liverpool - Barcelone | Demi-finale retour Ligue des champions, 7 mai 2019**

Pour tout le monde, c'est mission impossible. Même pour Jürgen Klopp et l'incroyable équipe de Liverpool qu'il a constituée. Pendant les six jours qui séparent le match aller du retour, tous les observateurs du football considèrent que les chances de Liverpool de remonter un déficit de trois buts, à domicile, face à Barcelone sont nulles.

Après un nouveau formidable parcours dans la compétition, les supporters ont du mal à l'accepter. Mais ils sont loin de se douter que dans le vestiaire visiteur du Nou Camp, après la défaite, les premières graines d'une remontée qui entrerait dans l'histoire comme l'une des plus grandes de tous les temps avaient été semées.

Liverpool a plutôt bien joué à l'aller, mais a dû s'incliner devant les coups de génie de Lionel Messi et de Luis Suarez. Klopp reconnaît que les chances sont désormais très faibles, mais avec son staff, il veille à ce que ses joueurs relèvent la tête. Il leur demande d'y croire, encore et encore. « Rien n'est perdu », leur martèle-t-il. « J'y crois. Tant qu'il y aura des chances, j'y croirai. Nous allons renverser la vapeur. »

Jamais, auparavant, une équipe de Liverpool n'avait remonté un tel déficit, mais la finale de la Ligue des champions de 2005 a prouvé que des miracles sont possibles. Sans compter que Barcelone a gaspillé une avance similaire contre la Roma la saison précédente. Pendant la conférence de presse d'avant-match, Klopp affiche sa confiance. « Oui, il y a de l'espoir. Nous sommes loin d'avoir abandonné. Mais nous ne sommes pas dans une situation où nous disons : "Nous allons le faire." C'est le football et c'est pour cela que nous allons essayer de le faire parce que nos joueurs ont du talent et du caractère. »

Un défi encore plus compliqué par les blessures de Mo Salah et Roberto Firmino, tous les deux indisponibles pour la rencontre. Les supporters sont encore sous le choc de cette nouvelle lorsqu'ils apprennent que Manchester City a battu Leicester et prit la tête dans la course au titre, à un match de la fin de la saison. La saison qui s'annonçait si bonne risque de tomber à plat.

Malgré tout cela, Klopp a tenu à ce que l'ambiance reste la plus positive possible. Il refuse que les supporters se rendent à Anfield en s'apitoyant sur leur sort et les encourage à faire de ce match un moment inoubliable. « Ce doit être une fête du football. On ne boit pas pendant le match – pas d'alcool en tout cas – alors nous allons fêter cela avec du football. Voilà le plan. »

**Ci-contre :** Deux buts de Wijnaldum coup sur coup permettent à Liverpool d'inverser la tendance.

« Il est possible, et même probable, que ce soit notre dernier match de Ligue des champions dans cette campagne, alors célébrons-le avec nos jambes, avec nos poumons, avec de bonnes décisions, avec une ambiance sensationnelle et tout

66
RESPECT

le reste. Ensuite, nous verrons quel est le résultat. Si nous y parvenons, ce sera merveilleux. Sinon, échouons de la plus belle des manières. »

Un coup de génie. Le manager a aussi prévu un discours spécial pour ses joueurs. L'après-midi du match, dans l'hôtel du centre-ville où il avait signé son contrat d'entraîneur de Liverpool en 2015, Klopp réunit tout le groupe pour la traditionnelle causerie d'avant-match. Il vérifie que tout le monde est présent, et se lance…

« Ce que nous allons faire ce soir, je pourrais dire que c'est impossible. Si je dirigeais n'importe quel autre groupe de joueurs dans le monde, à Barcelone, après le match aller, j'aurais dit que nous n'avions aucune chance. J'aurais dit qu'il fallait jouer pour la fierté, pour la dignité. Je vous dirais de sortir la tête haute. Mais vous n'êtes pas un groupe de joueurs comme les autres. C'est parce que c'est vous qu'il y a une chance. » Un discours digne de Shankly qui restera dans les mémoires comme l'une des causeries d'avant-match les plus importantes de l'histoire du club.

Quelques heures plus tard, la harangue de la conférence résonne encore à leurs oreilles lorsque les Reds pénètrent sur la pelouse d'Anfield en ébullition. La foi que Klopp a insufflée à ses joueurs a également gagné les supporters et un nouvel espoir s'est emparé des tribunes. Salah, blessé, assiste au match en arborant un t-shirt noir barré de l'inscription « *Never Give Up* » (Ne jamais abandonner). Cela résume parfaitement l'état d'esprit du soir.

**Ci-dessous :** « Ne jamais abandonner » – le slogan sur le maillot de Mo Salah est aussi le mot d'ordre du manager.

Pour Liverpool, le match ne peut pas mieux commencer. Dès la septième minute, Divock Origi, titularisé en l'absence de Firmino, fait trembler les filets *blaugranas*.

Le Belge tire à bout portant pour surprendre les visiteurs. La célébration de Klopp est discrète : il se tourne vers la tribune principale, les poings serrés, mais avec un air entendu sur le visage. Pour tous ceux qui pensaient que cette remontée n'était pas à la portée de leur équipe, il faut soudain revoir leur jugement.

Décisive, l'ouverture du score remonte le moral de tout le monde. Le public avait déjà promis son soutien inconditionnel à l'équipe, mais cette première réalisation l'incite à rugir encore plus fort.

Aucun autre but n'est inscrit en première période. Andy Robertson vient s'ajouter à la liste de plus en plus longue de l'infirmerie du Dr Klopp. À la mi-temps, le manager allemand réitère le mot magique « croire » et insiste à nouveau sur la nécessité d'être patient, rappelant à ses joueurs que le moment où les buts arrivent n'a pas d'importance, du moment qu'ils arrivent.

On pourrait croire que la blessure de Robertson était une prophétie, car son remplaçant, Georginio Wijnaldum, va avoir un impact majeur. Neuf minutes après le début de la seconde période, le milieu de terrain néerlandais reprend un centre à ras de terre de la droite et réduit encore l'écart. Les décibels montent, la confiance s'installe et le Barça se crispe.

Deux minutes plus tard, Wijnaldum récidive et le toit du kop est sur le point d'exploser. Cette fois, le centre vient de la gauche et Wijnaldum se débarrasse de la défense pour envoyer une tête puissante et virevoltante dans la lucarne. Nous nous trouvons alors dans la zone de l'impensable… et il reste encore plus d'une demi-heure à jouer.

La soirée n'est pas exempte de moments forts à l'autre bout du terrain. Un but du Barça pourrait tout changer et Alisson, vêtu d'un maillot gris clair, est une fois de plus sur le mode « classe mondiale » pour mettre en échec les stars du Barça.

En début de soirée, tous les Reds auraient donné leur bras droit pour que le match aille en prolongation ou aux tirs au but, mais maintenant ce sont les Catalans qui prient pour le coup de sifflet final, afin de mettre fin à leur supplice. Il reste onze minutes et Liverpool a le couteau entre les dents.

Les Reds obtiennent un corner sur la droite. Trent Alexander-Arnold s'en charge rapidement et trouve Origi, démarqué. La suite de l'action est légendaire. Face à une défense déconnectée, Origi offre à Liverpool le plus miraculeux des retournements de situation.

Klopp salue ce but comme étant « incroyablement intelligent », mais avoue qu'il n'a aucune idée de qui a joué le corner ou qui a marqué parce que tout s'est passé très vite.

Des scènes de liesse éclatent tout autour du terrain. Submergé par l'émotion, Klopp se laisse aller. Répondant à l'un des journalistes de bord de terrain de la télévision au coup de sifflet final, il oublie toute retenue et rugit : « Ces garçons sont des putains de géants. Leur performance, le match, c'était incroyable, c'était irrespirable. Nous affrontions peut-être la meilleure équipe du monde, nous ne devions pas encaisser de

**Page suivante :** But de Divock Origi.

27

Standard Chartered
14

« Jürgen a apporté la foi à Liverpool. C'était le plus grand cadeau qu'il pouvait nous faire. Il a uni le club – les joueurs, les employés, les supporters – et a insufflé un état d'esprit qui se résume en une phrase : si nous tirons tous dans la même direction, rien n'est impossible. La demi-finale contre Barcelone en est le meilleur exemple. Personne ne nous donnait la moindre chance de remonter un retard de trois buts. Personne, sauf lui. Il a transmis sa positivité aux joueurs. Sa causerie d'avant-match a été stupéfiante. Il nous a tous donné l'impression que nous mesurions trente centimètres de plus. Nous sommes sortis de cette salle avec un nouvel optimisme. Il nous a fait croire que les miracles étaient possibles et que l'équipe était parfaitement capable de remonter son handicap. Les mots qu'il a prononcés ce jour-là resteront à jamais gravés dans ma mémoire. »

**JORDAN HENDERSON,**
LIVERPOOL FC, 2011–2023

**Page précédente :** Le capitaine Jordan Henderson célèbre avec son coéquipier Fabinho la qualification en finale.

**Ci-dessus :** Klopp embrasse Trent Alexander-Arnold qui a joué le corner rapidement.

but, nous devions marquer... Je ne sais pas comment nous avons fait. Je ne sais pas comment les garçons ont fait, c'est incroyable. »

« C'est une soirée spéciale, très spéciale. Battre Barcelone est évidemment l'une des choses les plus difficiles en football. Nous savons que ce club est un mélange d'ambiance, d'émotion, de désir et de talent footballistique. Si l'on enlève l'un de ces éléments, cela ne fonctionne pas, nous le savons. Je l'ai déjà dit. Si je devais décrire le Liverpool FC, je dirais que c'est un grand cœur et ce soir, il battait à tout rompre. On pouvait l'entendre et probablement le sentir dans le monde entier. »

Même les observateurs les plus aguerris n'arrivent pas à croire ce qu'ils viennent de voir. Anfield, théâtre de tant d'exploits retentissant sur la scène européenne, vient d'en vivre un nouveau aussi héroïque que ses illustres prédécesseurs : un exploit que les supporters ne se lasseront jamais de raconter. « J'ai vu tellement de matchs de football dans ma vie. Je ne me souviens pas d'avoir assisté à une rencontre comme celle-ci. Je m'en souviendrai toute ma vie », assure Klopp. Il n'est pas le seul.

Une image inoubliable de l'euphorie qui régnait après la rencontre : le manager, ses joueurs et l'ensemble du staff chantant à l'unisson pendant que le *kop* entonne *You'll Never Walk Alone*, un moment de communion rappelant l'après-midi contre West Brom en 2015, mais l'équipe a, depuis, parcouru un très long chemin.

Une fois la liesse retombée, Jürgen Klopp prend conscience qu'il doit préparer une deuxième finale consécutive de la Ligue des champions. « Je suis très heureux que nous ayons pu offrir toutes ces émotions aux supporters et je suis satisfait d'avoir une nouvelle chance de remporter ce trophée qui nous a échappé la saison dernière. »

# ROIS D'EUROPE

**Liverpool - Tottenham Hotspur | Finale de la Ligue des champions, 1er juin 2019**

Sous la houlette du manager allemand, Liverpool a prouvé que tout était possible. Jürgen Klopp et ses joueurs sont aux portes d'un immense succès et peut-être même d'entrer dans l'histoire. Les entraîneurs et les joueurs qui gagnent la Ligue des champions occupent une place particulière dans l'histoire de leur club et Liverpool n'est plus qu'à quatre-vingt-dix minutes de l'ultime récompense.

Klopp, bien sûr, s'est déjà trouvé dans cette position, en 2013 avec Dortmund et en 2018 avec Liverpool, avant de voir ses espoirs déçus. La pression est énorme. La finale de la Ligue des champions 2019 est sa quatrième finale de coupe en tant qu'entraîneur de Liverpool, et il n'en a encore remporté aucune.

Plusieurs raisons peuvent expliquer ces trois précédents échecs. Après chacune de ces défaites, Klopp a dit qu'elles faisaient partie d'un cycle d'apprentissage et que des jours meilleurs s'annonçaient.

Cette fois, l'échec est interdit. Après quatre ans sous les ordres de Klopp, il est temps pour le Liverpool FC de remporter un trophée. Klopp en est conscient comme tout le monde. « Je pourrais écrire un livre sur les demi-finales gagnées, mais personne ne l'achèterait », plaisante-t-il. « Je sais que nous devons gagner des titres. C'est très important pour nous pour que l'on arrête de nous parler de ces défaites. Et c'est fondamental pour notre progression en tant qu'équipe. »

Après avoir perdu le titre d'un point, la saison de Liverpool se joue sur cette finale. Une équipe ne peut supporter qu'un nombre limité de déceptions. La défaite est inenvisageable.

Ils connaissent bien leur adversaire, Tottenham Hotspur, le club du nord de Londres, qui s'est, lui aussi, qualifié au terme d'une demi-finale à rebondissements, face à l'Ajax Amsterdam. C'est la première fois que Liverpool affronte un autre club anglais en finale d'une coupe d'Europe, mais cela n'enlève rien à l'excitation ni à l'envie de se montrer à la hauteur de l'événement.

Cela fait quatorze ans que les initiales du LFC n'ont plus été gravées sur le trophée qu'on surnomme affectueusement, dans les tribunes d'Anfield, la « vieille coupe aux grandes oreilles ». Bien trop longtemps pour les quintuples rois d'Europe. Klopp veut imiter Bob Paisley (1977, 1978, 1981), Joe Fagan (1984) et Rafael Benitez (2005).

Cette finale tant attendue, où le club a rendez-vous avec son destin, se dispute à l'Estadio Metropolitano à Madrid. La capitale espagnole a été envahie par une marée rouge, une armada de Scousers qui a débarqué avec la ferme intention de s'amuser et de savourer chaque instant d'un événement que chacun espère historique.

**Ci-dessus :** À Madrid, Mo Salah garde son sang-froid et donne l'avantage à Liverpool sur penalty.

La finale de la Ligue des champions se déroulant trois semaines après la fin du championnat, Klopp a accordé à ses joueurs quelques jours de repos bien mérités. Il les a, ensuite, emmenés à Marbella pour un camp d'entraînement d'une semaine afin de les soustraire aux nombreuses contraintes inhérentes à la préparation d'un match d'une telle importance et les acclimater à la chaleur torride qui les attend à Madrid.

Cinq jours d'entraînement supplémentaires à Melwood concluent cette préparation minutieuse. Le premier jour du mois de juin, Klopp et son équipe sont prêts. C'est le moment. Le match le plus important de leur vie.

Le soleil de début de soirée n'a pas encore disparu derrière les tribunes, certains supporters sont toujours en train de chercher leur place lorsque la finale de la Ligue des champions 2019 débute. Les observateurs s'attendaient à une rencontre fermée entre deux équipes qui se connaissent aussi bien, mais après seulement vingt-deux secondes de jeu, premier coup du sort ! Le centre de Sadio Mané est touché de la main par Moussa Sissoko dans la surface de réparation. L'arbitre slovène désigne immédiatement le point de penalty.

Bonne ou mauvaise décision ? Le débat fait rage. Les joueurs de Tottenham protestent et la décision est vérifiée par la VAR. L'attente accroît la tension. Heureusement, Mo Salah, le tireur de penalty de Liverpool, reste stoïque. Imperturbable, il s'avance une minute plus tard et, avec son pied gauche magique, propulse, avec assurance, le ballon au-dessus d'Hugo Lloris qui avait plongé du bon côté.

C'est l'entame la plus spectaculaire d'une finale de la Ligue des champions depuis celle de 2005 où le Milan AC avait ouvert le score à la première minute contre

« Je n'ai, bien sûr, pas disputé beaucoup de finales de la Ligue des champions, mais ce fut une joie de jouer contre Jürgen et son équipe, sur le plan tactique et grâce à son attitude sur le banc de touche. Ce match a été une bonne expérience et quand on est sur le banc, à quelques mètres de lui, on sent que c'est un homme à part. Nous jouons pour gagner, mais nous devons avoir beaucoup de respect pour notre adversaire. Parfois, après une victoire, c'est difficile de ne pas sauter de joie et de respecter la tristesse de l'adversaire mais, comme toujours, il a fait preuve d'un grand respect et c'est quelque chose que j'apprécie beaucoup. C'est un grand homme. Un grand entraîneur. Quelqu'un de bien. C'est un manager qui transmet sa personnalité à l'équipe. Les premières années, il a construit, puis il a commencé à disputer des finales et à lutter pour remporter des trophées. Ce qu'il a créé à Liverpool est extraordinaire. »

**MAURICIO POCHETTINO,**
MANAGER DE TOTTENHAM HOTSPUR, 2014-2019

**Ci-dessus :** Le pied gauche de Divock Origi scelle la victoire contre les Spurs et la sixième Coupe d'Europe du club.

**Page suivante :** *Campione Liverpool !* Jürgen remporte le trophée le plus prestigieux du continent.

Liverpool, mais la rencontre ne sera pas aussi palpitante. Les joueurs de Tottenham ont pourtant largement le temps de réagir, mais ils doivent changer de plan de jeu, ce qui fait les affaires de Liverpool. Klopp demande à ses joueurs de rester concentrés. C'est à leurs adversaires de sortir et d'attaquer. Liverpool devait se contenter de gérer le match. « Si on ne prend pas de risque, on ne peut pas commettre d'erreurs », pour reprendre ses termes.

Les occasions de but sont rares de part et d'autre, mais sans les « gants d'or » d'Alisson, la balance aurait pu pencher, à plusieurs reprises, en faveur des Londoniens. Avec cette maigre avance d'un but, la nervosité gagne les rangs des supporters de Liverpool. Mais avec les minutes qui défilent, la frustration de Tottenham augmente… et la fatigue aussi.

Liverpool semble avoir plus d'énergie et, à quatre minutes de la fin, les Reds mettent fin au suspense. Joel Matip, surprenant passeur décisif, sert le remplaçant, Divock Origi, dans la surface de réparation. Origi, le héros de la demi-finale, contrôle le ballon du droit et frappe du gauche. Le tir croisé, à ras de terre, trompe le gardien et va se loger dans le petit filet.

Les Liverpuldiens assis juste derrière le but sont en extase. Le Liverpool FC conquiert l'Europe pour la sixième fois et retrouvent la terre promise grâce à Jürgen Norbert Klopp.

Au coup de sifflet final, au milieu des effusions de joie, le manager pose le bras sur les épaules de son homologue, Mauricio Pochettino, dans un geste de réconfort. « Je sais mieux que quiconque ce que ressent Tottenham en ce moment. Ils ont fait, eux aussi, une saison sensationnelle, mais ce soir, nous avons marqué les buts au bon moment », déclara-t-il un peu plus tard.

Klopp se tourne ensuite vers les tribunes, où il cherche sa famille et ses amis, les salue de la main et leur envoie un baiser. En proie à une joie immense et un énorme soulagement, il a du mal à contenir ses émotions. « Vous avez déjà vu une équipe comme celle-ci ? Je suis tellement heureux pour les garçons, pour tous ces gens et pour ma famille. Ils souffrent pour moi, ils le méritent plus que quiconque. Dans une finale, seul le résultat compte, et ce soir les garçons ont fait preuve de la résilience nécessaire. Je ne veux pas expliquer pourquoi nous avons gagné, je veux seulement apprécier cette victoire. »

Jordan Henderson, en se dirigeant vers le podium pour recevoir la coupe, fait signe à son manager de le rejoindre, mais Klopp décline l'invitation de son capitaine et préfère le regarder, les yeux pleins de fierté, loin des regards. Il considère que ce moment appartient aux joueurs, et il est plus qu'heureux qu'ils occupent le devant de la scène. « Ce n'était pas important pour moi de toucher la coupe. J'ai aimé voir les garçons la brandir et regarder les visages dans la foule. C'est tout ce dont j'avais besoin. »

Pour les féliciter de leurs efforts, il salue ses joueurs un à un et leur prodigue la désormais emblématique « accolade de Klopp ». « Les joueurs étaient tous en larmes sur le terrain parce que c'était tellement émouvant, c'était tellement important, cela signifie tellement pour nous », explique-t-il. Des joueurs qui ont reconnu que sans leur manager, rien n'aurait été possible, et ils lui ont retourné le compliment en le propulsant plusieurs fois dans les airs puis en le portant, tel un chef victorieux, vers les supporters de Liverpool, impatients de lui rendre hommage à leur tour.

Klopp leur avait promis un titre au bout de quatre ans. Il avait tenu parole. L'aboutissement de tant de sang, de sueur et de larmes. Le prix à payer pour pouvoir enfin brandir ce magnifique trophée et ils savent maintenant que cela en valait la peine. « C'était une saison intense avec la plus belle fin que je n'aurais jamais pu imaginer. C'est la plus belle soirée de notre vie professionnelle », déclara-t-il tout sourire.

L'énorme fête ne faisait que commencer. Klopp débarque en conférence de presse d'après-match une bière à la main. « C'est pour nos supporters dans le monde entier et ceux qui étaient dans le stade. Ils sont avec nous et font la fête comme des fous. Nous allons faire la fête ensemble, nous allons passer une soirée sensationnelle. »

Pour le club de Liverpool et pour Klopp, c'est une date importante. Cela faisait sept ans que l'un et l'autre n'avait pas remporté de trophée. Aujourd'hui, après quatre années de travail commun, ils ont remporté leur premier succès ensemble et le boss prédit un avenir encore plus radieux. « Je suis très heureux. J'ai beaucoup de médailles d'argent et à présent j'ai une médaille d'or. Maintenant que nous avons gagné quelque chose, nous allons continuer. Nous voulons gagner des titres. Ce n'est qu'un début. »

En remportant sa sixième C1, Liverpool a rejoint le gotha du football européen. Il n'y a que deux clubs qui ont remporté cette compétition plus de six fois et, pour leur rôle dans ce succès, Jürgen Klopp et ses joueurs ont pleinement mérité le statut de « légendes » qui accompagne cet exploit.

L.F.C.

CHAMPIONS
LEAGUE
RESPECT
L.F.C.

# À BORD DU MAGIC BUS

**Parade dans les rues de Liverpool, 2 juin 2019**

Liverpool est une ville réputée pour son ambiance festive. Les Scousers savent faire la fête, mais les Liver Birds n'avaient pas assisté à une célébration de cette ampleur depuis la dernière visite du trophée de la Ligue des champions sur la rive rouge et blanche de la Mersey, en 2005.

Depuis le but de Divock Origi, à Madrid, tous les supporters de Liverpool sont dans un état d'euphorie. Personne n'a vraiment dormi, Klopp pas plus que les autres. Pendant la cérémonie de remise du trophée au Metropolitano, le coach a reconnu qu'il était impatient d'assister à la parade du lendemain. « C'est génial de rentrer à Liverpool demain avec un trophée à fêter et j'ai vraiment hâte d'y être. »

Le regard voilé, la voix rauque et encore sous le coup de l'émotion de la folle nuit de la veille, les champions d'Europe atterrissent à l'aéroport John Lennon, dimanche,

en début d'après-midi. Sur le tarmac, leur avion est accueilli par un arc de cercle cérémoniel, un salut traditionnellement réservé aux dignitaires étrangers en visite ou aux anciens combattants.

Le bus, drapé de rouge et arborant les deux mots magiques « CHAMPIONS D'EUROPE », se met en route. L'excitation est à son comble dans la ville.

Depuis l'aube, les supporters ont investi les rues, déterminés à trouver le meilleur emplacement. Le bus et son glorieux trophée partiront d'Allerton et traverseront au ralenti Childwall, Broadgreen, West Derby, Tuebrook et Kensington, avant d'atteindre sa destination dans le centre de la ville.

Les trottoirs sont rouges. Klopp et ses joueurs se relayent pour présenter le trophée qui scintille tel un diamant. Les supporters grimpent sur les toits, les arrêts de bus et les feux de circulation pour l'apercevoir.

À plusieurs reprises, on peut apercevoir Klopp, à l'arrière du bus, profitant de l'instant présent, assis au bord du toit, bière à la main et casquette à l'envers, pour s'imprégner de l'ambiance. La joie des supporters fait plaisir à voir. Le manager est complètement abasourdi par ce qu'il découvre. « C'est vraiment particulier. Je vois

**Ci-contre :** On estime à 750 000 le nombre de personnes venues saluer les champions d'Europe 2019.

**Ci-dessus :** Les joueurs de Liverpool fêtent leur succès en Ligue des champions.

**Ci-dessus :** Jürgen et les Brésiliens.

dans les yeux des gens ce que cela signifie pour eux. C'est incroyable et tellement intense. Aujourd'hui, ouah ! C'est de la folie. »

C'est sur le célèbre front de mer de la ville que la foule est la plus dense. Les Liver Birds regardent fièrement les scènes de joie. Des nuages de fumée rouge emplissent l'air. Des serpentins volent dans tous les sens. Des feux d'artifice décollent de toutes parts.

L'accueil est époustouflant, à la hauteur des nouveaux rois d'Europe. Klopp a du mal à trouver les mots. « Je ne peux pas vraiment le décrire. J'ai un peu pleuré parce que c'est tellement impressionnant ce que les gens font. C'est génial. »

Selon les estimations, sept cent cinquante mille personnes sont venues saluer les vainqueurs de la Ligue des champions 2019, la plus grande parade de l'histoire de la ville pour honorer le retour de ses vedettes – un *comeback* qui éclipse même celui des Beatles lorsqu'ils sont rentrés des États-Unis dans les années 1960.

Jürgen Klopp était en train de créer quelque chose de spécial dans cette ville et cette parade en était la preuve.

« À son arrivée, il a promis de convertir les sceptiques en fidèles. Il a fait bien plus que cela. Nous sommes un club qui adore les managers qui nous ont apporté bonheur et victoires et nous les remercions avec des drapeaux et des banderoles sur le kop. Dans cent ans, les bannières de Jürgen Klopp flotteront fièrement, si ce n'est une reconnaissance encore plus permanente de la marque indélébile qu'il a laissée à ce club et à ses supporters, tant au niveau local, ici sur les rives de la Mersey, qu'au niveau mondial, dans tous les coins de la planète. Pour ma part, je n'oublierai jamais le jour où j'ai traversé la ville avec lui, sur le toit du bus après avoir remporté la Ligue des champions en 2019. Des adultes pleuraient en regardant Jürgen leur montrer fièrement le trophée. À ce moment-là, peut-être plus que n'importe quel autre manager du club, il était un de nous. Je suis si heureux que Jürgen ait été un Red. »

**PETER MOORE,**
DIRECTEUR GÉNÉRAL DU LIVERPOOL FC, 2017-2020

Standard Chartered
CHAMPIONS 2019/20
Premier League
L.F.C.

# BOUM ! LA FIN DE TRENTE ANS D'ATTENTE

2019 – 2020

# SUPER REDS

**Liverpool – Chelsea | Finale de la Super Coupe de l'UEFA, 14 août 2019**

Dans un club dont la raison d'être est de remporter des prix, aucune occasion d'enrichir la salle des trophées ne doit être ignorée. Une volonté que partage Jürgen Klopp. Sa soif de récompenses est insatiable.

Le titre de champion d'Europe donne à Liverpool le droit de disputer la Super Coupe de l'UEFA. Le club se rend donc à Istanbul quelques jours après le début de la saison 2019-2020.

Encore une rencontre anglo-anglaise face à un club que Klopp affrontera souvent dans une finale de coupe. Quelques semaines avant que Liverpool ne batte Tottenham et remporte la Ligue des champions, Chelsea avait battu Arsenal en finale de la Ligue Europa.

La Turquie semble, à première vue, une destination lointaine aussi tôt dans la saison pour ce que d'aucuns considèrent comme un simple match amical ou une version continentale du Community Shield. Mais avec un autre trophée en jeu, que Liverpool a déjà remporté trois fois, il n'y a aucune chance que ce match soit pris à la légère.

**Ci-dessous :** Nouvelle saison, nouveau trophée – la Super Coupe de l'UEFA.

Aucun entraîneur allemand n'avait remporté la Super Coupe. Klopp admet qu'il n'a pris conscience de l'importance de la Super Coupe qu'après avoir vu les trois titres inscrits sur le Champions Wall, au centre d'entraînement du club.

L'équipe alignée est la meilleure possible, à l'exception d'un changement forcé. Lors de l'ouverture de la Premier League, cinq jours plus tôt, Alisson Becker s'est

blessé et a dû déclarer forfait pour le déplacement à Istanbul. Il cède sa place à Adrian, un gardien qui était sans club depuis deux semaines. Recruté libre comme doublure, il a eu une chance de montrer son talent et il a su la saisir.

Dans une rencontre très disputée, au Besiktas Park, Sadio Mané marque deux fois pour les Reds, mais la prolongation se termine sur le score de 2-2. Le vainqueur se décidera aux tirs au but. Chacun se rappelle la dernière séance de tirs au but remportée par Liverpool à Istanbul, en finale de Ligue des champions en 2005. Jerzy Dudek avait été le héros de cette séance et cette fois, c'est Adrian qui a arrêté le tir au but décisif et permis à Liverpool de remporter la coupe.

« Il a réalisé une performance incroyable », apprécie Klopp à l'issue de la rencontre. « Seule la victoire est importante et nous l'avons obtenue. C'était un match difficile et je n'imaginais pas avant la rencontre que cette victoire me procurerait autant de plaisir, mais c'est génial. C'est vraiment important. Pas parce que je suis le premier manager allemand à la remporter. C'est important parce que c'est une victoire du Liverpool FC qui l'a gagnée pour tous nos supporters et je ressens l'importance de cette victoire pour eux et cela me rend très heureux. »

Il a fallu du temps à Jürgen Klopp pour gagner son premier trophée en tant que manager de Liverpool mais le deuxième est arrivé dans la foulée, un peu comme à un arrêt de bus. Ses joueurs et lui vont s'habituer au goût du champagne.

**Ci-dessus :** Jürgen et son staff à Istanbul.

**Page suivante :** Adrian San Miguel, le héros de la Super Coupe.

« Ce match concluait une semaine de folie pour moi et il s'est passé quelques jours seulement après mon arrivée. Le boss m'a dit qu'il m'avait engagé pour mon expérience et ma personnalité. Cela m'a donné la confiance dont j'avais besoin. Ce penalty arrêté qui nous a permis de gagner la coupe est un excellent souvenir. Les choses n'auraient pas pu mieux se passer. C'est un rêve devenu réalité et je lui serai toujours reconnaissant d'avoir eu foi en moi. Il m'a aidé à changer de mentalité et j'ai très vite compris que sa philosophie du football s'adaptait parfaitement à tous les joueurs. C'est ce qui lui a permis de bâtir des équipes aussi brillantes. C'est le secret de sa réussite. Il est tellement normal, tellement humain, mais on se souviendra toujours de lui comme d'un grand manager, à Liverpool mais aussi dans le monde entier. »

**ADRIAN SAN MIGUEL**
LIVERPOOL FC, 2019–PRESENT

UEFA SUPER CUP
L.F.C.
Standard Chartered

# LUTTER JUSQU'À LA DERNIÈRE SECONDE

**Aston Villa - Liverpool | Premier League, 2 novembre 2019**

Un anniversaire que personne n'a envie de fêter approche à grands pas à Anfield et Jürgen Klopp est bien décidé à rayer ce triste événement du calendrier. À la fin de la saison 2019-2020, cela fera trente ans que Liverpool n'a pas pu se vanter d'être la meilleure équipe d'Angleterre. Cela fait bien trop longtemps que le club traîne ce poids qui devient de plus en plus lourd année après année. Sept entraîneurs ont tenté, en vain, de libérer le club de ce fardeau.

En tant que champion d'Europe, la place de Klopp dans l'histoire est déjà assurée, mais regagner un titre de champion signifierait encore plus pour une génération de supporters de Liverpool qui ont enduré trois décennies de médiocrité sur la scène nationale, ponctuées de plusieurs échecs.

Après être passé si près du but la saison précédente, il est désormais fermement décidé à briser le monopole de Manchester City. Même le record de quatre-vingt-dix-sept points établi par le club en 2018-2019 n'a pas suffi à faire chuter City de son trône. Klopp sait qu'il faudra une saison presque parfaite pour mettre fin aux deux ans de règne de City.

Lorsque la nouvelle saison de Premier League débute, Liverpool jaillit des starting-blocks, enchaîne huit victoires consécutives et s'installe d'emblée en tête du championnat. Compte tenu des standards élevés de City, la marge d'erreur reste minime. Les Reds doivent donc faire preuve d'une détermination sans faille pour accumuler les victoires, même lorsqu'ils ne sont pas au mieux de leur forme. Avant le déplacement à Villa Park le premier week-end de novembre, Liverpool est toujours invaincu et compte désormais six points d'avance sur le deuxième.

Face à une équipe de Villa qui végète dans la deuxième moitié du classement, l'objectif est la victoire, mais les Villans prennent l'avantage en milieu de première période et mènent toujours à cinq minutes de la fin du match.

Pour une équipe qui a de sérieux espoirs de remporter le championnat, c'est un mauvais résultat, et Klopp en a conscience. « Nous avons eu de bonnes périodes pendant le match, mais nous n'avons pas été assez précis, surtout en première mi-temps. » Le bon travail des premiers mois risque alors d'être réduit à néant.

« Dans des jours comme celui-ci, il faut être prêt à se battre. Après la première mi-temps, nous avons compris que notre plan de jeu n'était pas bon et nous avons procédé à des ajustements », explique le boss. À trois minutes de la fin du temps règlementaire, la situation semble encore désespérée jusqu'à ce que le latéral gauche Andy Robertson surgisse au deuxième poteau pour égaliser de la tête.

Seulement son troisième but à Liverpool, et on ne saurait trop insister sur son importance.

« Je sais que l'on ne peut pas gagner tous les matchs, mais je n'abandonne jamais », insiste Klopp. Ses joueurs non plus. Après quatre minutes dans le temps additionnel, contre toute attente, Sadio Mané arrache la victoire pour réussir une nouvelle incroyable remontée. Le manager est évidemment ravi, mais refuse de s'emballer. « Nous savons que nous pouvons mieux faire », lâche-t-il.

Mais le club vient de lancer un avertissement à ses rivaux. Les victoires laborieuses sont la marque des futurs champions. Ils viennent de porter un sérieux coup au moral de leurs adversaires.

**Ci-dessous :** Andy Robertson surgit à point nommé au second poteau pour égaliser de la tête.

**Page suivante :** L'arrière écossais fête son but.

« Nous étions menés d'un but à la mi-temps. Nous avons regagné le vestiaire en nous demandant ce que le manager allait dire. Il s'anime toujours beaucoup sur la ligne de touche, mais il est très rare qu'il s'énerve pendant la pause et ce jour-là n'a pas fait exception. Il est resté calme et a été bref. Il nous a donné quelques instructions simples, mais il a ajouté qu'il trouvait les maillots blancs que nous portions à l'extérieur très propres. Sans qu'il le dise ouvertement, nous avons tous compris qu'il n'était pas satisfait de notre prestation. Nous avons compris le message. Nous avons retroussé nos manches et nous avons réussi à renverser la situation. C'est ce style de gestion subtile qui lui a permis de tirer le meilleur de nous-mêmes. Il y a recouru à maintes reprises. Pour ce qu'il a fait dans ce club, et tout ce qu'il a accompli, il restera comme l'un des plus grands managers de tous les temps. »

**ANDY ROBERTSON,**
LIVERPOOL FC, 2017-PRÉSENT

26

# PASSATION DE POUVOIR

**Liverpool - Manchester City | Premier League, 10 novembre 2019**

Sous la houlette de Pep Guardiola, Manchester City est en passe de devenir l'équipe dominante du football anglais. Les Skyblues ont remporté deux titres consécutifs et Klopp ne s'attend pas à ce qu'ils cèdent leur couronne sans lutter. Ce sera l'un des matchs les plus décisifs de la saison.

Les champions en titre sont arrivés à Anfield avec six points de retard sur le leader, Liverpool. Avec une victoire, les hôtes porteraient cet avantage à neuf points et se rapprocheraient de l'objet de leur désir. Un succès des visiteurs ramènerait l'écart à trois points et raviverait les inquiétudes du côté d'Anfield.

**Ci-dessous :** À Anfield, duel entre Bernardo Silva et Andy Robertson.

La rivalité grandissante entre les deux clubs s'intensifie. Bien que City ait coiffé les Reds sur le poteau en championnat, la saison précédente, les supporters de City ont jeté des regards envieux vers Anfield, en juin, lorsque Liverpool a regagné la Ligue

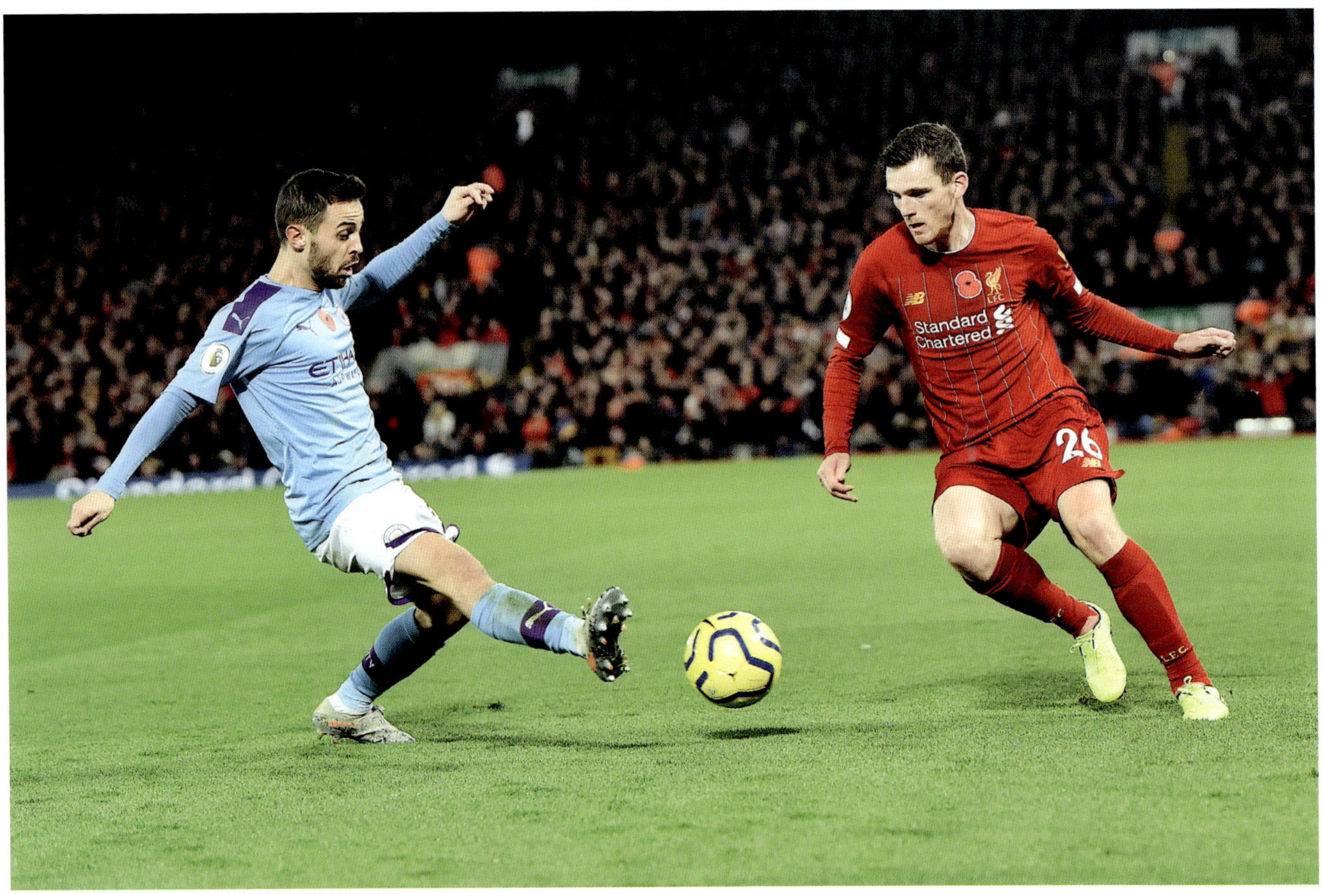

des champions. « Klopp contre Pep », titrent les médias, le duel de managers le plus médiatisé du monde. Et ce nouvel épisode ne décevra personne.

Le match débute sur les chapeaux de roue. Après seulement cinq minutes de jeu, City se voit refuser un pénalty face au *kop*. Liverpool en profite pour ouvrir le score sur le contre grâce à une frappe imparable de vingt-cinq mètres de Fabinho. Sept minutes plus tard, alors que City est encore dans les cordes, les hommes de Klopp doublent sans merci leur avance grâce à une tête de Mo Salah.

« Si vous voulez battre City, vous devez élever votre niveau de jeu et jouer avec beaucoup d'intensité », explique le manager. Un rythme élevé qui ne faiblit pas en seconde période. Six minutes après la reprise, Sadio Mané porte le score à 3-0. On a soudain l'impression de revivre le quart de finale de la Ligue des champions de 2018.

S'il avait des cheveux, Guardiola se les arracherait de frustration. Son équipe parvient à sauver l'honneur, mais le mal est fait. « Quel match ! », lâche Klopp. « Quand City a commencé à mieux contrôler la partie dans les quinze dernières minutes, c'était tendu, mais cela a permis de voir la qualité des garçons et ce qu'ils sont capables de faire. Les garçons ont fait soixante-quinze minutes incroyables. »

Cette victoire a permis à Liverpool de creuser l'écart avec City, mais aussi de poursuivre sa remarquable série d'invincibilité en championnat, avec un vingt-neuvième match sans défaite. La dernière a eu lieu à l'Etihad la saison précédente. Les supporters sont heureux. Le sentiment que c'est peut-être enfin leur saison en championnat se répand dans les tribunes.

Mais, le manager, bien que manifestement ravi, refuse de s'emballer et fait de son mieux pour minimiser l'importance des trois points qu'ils viennent de prendre. « Qui veut être premier au début du mois de novembre ? L'important, c'est d'être premier en mai », insiste-t-il.

Il reste encore deux tiers de la saison à jouer. Sans oublier le calendrier surchargé du club au cours des deux prochains mois. Mais au vu de son avance, le Liverpool FC est le grandissime favori pour succéder à Man City.

**Ci-dessus à gauche :** Une étreinte chaleureuse de la part du *boss* après le but de Sadio Mané.

**Ci-dessus à droite :** Grâce à cette victoire, les Reds creusent l'écart en tête du classement.

**Page suivante :** La frustration de Pep Guardiola, entraîneur de Manchester City.

« Jürgen nous a aidés à repousser nos limites. C'est indéniable. Liverpool a été notre plus grand rival, notre plus grand adversaire, et de loin. Dès son arrivée à Liverpool, j'ai su qu'ils seraient de vrais concurrents et ils sont devenus nos concurrents les plus redoutables, de très loin devant les autres équipes. En toute honnêteté, je pense que si j'étais footballeur, j'aimerais jouer sous ses ordres. Ce type de personnalité et de charisme est unique et c'est bon pour le football. Il a changé Liverpool… il a dû changer des joueurs, la mentalité, l'état d'esprit. Liverpool lui a donné le temps dont tout manager a besoin, et les résultats sont là. Il a été mon plus grand rival dans le football. »

**PEP GUARDIOLA,**
MANAGER DE MANCHESTER CITY,
2016-PRÉSENT

# SUR LE TOIT DU MONDE

**Liverpool - Flamengo | Coupe du Monde des Clubs de la FIFA, 21 décembre 2019**

La Coupe du monde des clubs, sous ses différentes formes, a longtemps divisé l'opinion. Un match amical prestigieux à un moment inutile de la saison ou une finale de coupe prestigieuse qui devrait être l'apogée pour toutes les équipes. En Amérique du Sud, elle est considérée comme le plus saint des graals. En Europe, ce n'est pas le cas. Quoi qu'il en soit, Liverpool n'a jamais remporté ce trophée.

Les premières années, Liverpool n'a même pas pris la peine de s'inscrire. Puis, lorsque la compétition a été jugée digne d'intérêt, ils sont rentrés à la maison après de fastidieux voyages à Tokyo en 1981 et 1984, en se demandant pourquoi tout ce remue-ménage. En 2005, la compétition a été prise beaucoup plus au sérieux et la défaite en finale contre São Paulo a été une énorme déception.

**Ci-dessus :** Buteur, Roberto Firmino permet à Liverpool de remporter le premier titre mondial de son histoire.

En 2019, le tournoi au Qatar est l'occasion de réparer les erreurs du passé. Bien qu'il soit loin d'être satisfait du calendrier – en plein milieu de la saison de Premier League, Klopp est impatient de relever le défi.

« Au Brésil, nous accordons beaucoup d'importance à la Coupe du Monde des Clubs, contrairement aux Anglais, qui considèrent généralement cette compétition comme une commodité au milieu de leur calendrier. Avec Ali et Fab, nous savions que Flamengo prendrait cette finale au sérieux. Après une séance d'entraînement au Qatar, nous avons eu un entretien avec Jürgen pour le lui expliquer. Il est toujours à l'écoute de ses joueurs. Il en a pris bonne note et a veillé à ce que le reste du staff et de l'équipe soient eux aussi pleinement conscients de l'importance de cette compétition. Cela a fait une grande différence. J'ai marqué le but de la victoire qui a permis à Liverpool de remporter ce trophée pour la première fois. Cela restera l'un de mes plus beaux souvenirs de mon passage à Liverpool. *Obrigado* Jürgen, tu m'as fait confiance dès le premier jour et je t'en serai éternellement reconnaissant. »

**ROBERTO FIRMINO,**
LIVERPOOL FC, 2015-2023

**Ci-dessus :** À Doha, les sourires de Jürgen et de son vice-capitaine James Milner.

« Les garçons voulaient jouer, le club voulait jouer et je voulais jouer. C'est pour cela que nous sommes ici, alors maintenant nous devons jouer. »

Liverpool et Flamengo se qualifient pour la finale. Flamengo, le plus grand club du Brésil, avait privé Liverpool de ce titre en 1981. Il existait donc un point historique à régler, tandis que pour un trio de Reds – Firmino, Alisson et Fabinho – il y avait, bien sûr, une signification supplémentaire à jouer contre une équipe de leur pays d'origine.

Lors de la causerie d'avant-match, le jour de la rencontre, Klopp rappelle l'importance de la victoire pour le club et, compte tenu de la controverse qui a entouré leur venue dans le pays, insuffle une mentalité de guerriers à ses joueurs. En effet, le tournoi mondial coïncide avec un quart de finale de la Coupe de la Ligue prévu à Aston Villa et la décision de Klopp de donner la priorité à la quête planétaire de Liverpool a suscité des critiques de la part des autorités du football anglais.

« Flamengo a été envoyé ici par son continent avec l'ordre clair de gagner et de revenir en héros. On nous a dit : "Restez chez vous et jouez la Carabao Cup." C'est une

**Ci-dessus :** Les Brésiliens Roberto Firmino et Alisson Becker avec la Coupe du Monde des Clubs de la FIFA.

différence énorme. Nous ne pouvons rien y changer. Oui, nous ressentons la tension de la situation. Mais nous sommes ici et nous voulons gagner la compétition », assure-t-il.

L'occasion de devenir la meilleure équipe du globe ne se présente pas très souvent. Il n'est donc pas surprenant que le match soit tendu. L'habileté et le sang-froid de Firmino permettent de débloquer la situation à la neuvième minute de la prolongation. Grâce au buteur brésilien, Liverpool marque encore l'histoire.

Les champions d'Europe sont désormais champions du monde et Klopp ne peut contenir sa fierté et sa joie. « C'est une soirée merveilleuse pour le club et pour tous ceux qui nous soutiennent. C'est exceptionnel, absolument sensationnel. Je suis très fier des garçons. Ils ne cessent d'être mis à l'épreuve et, pour l'instant, nous réussissons épreuve après épreuve. »

L'ambition de Bill Shankly de voir un jour Liverpool « conquérir le monde » s'est enfin réalisée et l'équipe de Jürgen Klopp a largement mérité sa place dans les livres d'histoire.

# LEADERS LOIN DEVANT

**Leicester City - Liverpool | Premier League, 26 décembre 2019**

Selon les soi-disant experts, c'est ce soir-là que le rouleau compresseur Jürgen Klopp devait enfin s'enrayer. Cela faisait bientôt douze mois que Liverpool n'avait pas perdu un match de championnat et le pays attendait avec impatience de les voir stoppés dans leur élan.

Un peu plus de vingt-quatre heures après leur retour du Qatar en tant que nouveaux champions du monde des clubs, les leaders de longue date de la Premier League doivent reprendre leur course au titre à Leicester avec ce qui aurait dû être l'un des matchs les plus difficiles de la saison.

Après un vol de près de cinq mille kilomètres et les efforts d'un mois au cours duquel ils ont déjà disputé sept matchs, les joueurs sont logiquement abattus. Les chances de Liverpool d'accroître son avance en tête, contre une équipe qui est désormais son plus proche rival au classement (avec dix points de retard), sont réduites à néant.

Conscient que son équipe a fait le plein d'adrénaline et a désespérément besoin de se reposer, Klopp décide de rompre avec la tradition en autorisant les joueurs à passer la nuit de Noël chez eux, en famille, au lieu de séjourner à l'hôtel la veille du match.

**Ci-dessous :** Joe Gomez et Jamie Vardy (Leicester) lors du Boxing Day.

« Il a toujours semblé conscient des éventuels obstacles et des embûches. Après l'excellent résultat au Qatar, il nous a montré qu'il appréciait ce que nous venions de réaliser en devenant champions du monde. Le match à Leicester aurait pu être difficile, mais il a compris que nous avions besoin d'une pause. Il a donc modifié les plans de voyage habituels pour que nous puissions passer Noël à la maison, avec nos familles. Des petits gestes comme ça signifient beaucoup. Il nous faisait confiance et nous traitait comme des adultes, et c'est pour cela que tous les garçons voulaient toujours tout donner pour lui. Sur le plan personnel, il a été bien plus qu'un manager pour moi. J'ai beaucoup appris à son contact. En dehors de ma famille proche, il n'y a personne qui a eu plus d'influence dans ma vie. »

**JOE GOMEZ,**
LIVERPOOL FC, 2012-PRÉSENT

WU
Western
L.F.C.
Captain

C'est le meilleur cadeau que le manager pouvait leur faire et l'effet positif est flagrant. Contrairement à ce que tout le monde attend, les joueurs de Liverpool reviennent ragaillardis, pleins d'énergie et avides de trois points supplémentaires. Le groupe de joueurs remercie Klopp en réalisant l'une des meilleures performances à l'extérieur de l'histoire du Liverpool FC, en dominant les débats du début à la fin du match. Roberto Firmino leur donne une avance d'un but à la mi-temps, ce qui n'est qu'une maigre récompense pour la qualité de leur jeu.

La deuxième période est dans la même veine, mais cette fois-ci, Liverpool est maintes fois récompensé. Trois buts en sept minutes – James Milner, Firmino et Trent Alexander-Arnold – permettent au score de refléter la domination des Reds.

« C'est exactement la performance dont nous avions besoin », apprécie Klopp. « Un peu moins bien et nous aurions pu avoir des problèmes. Les garçons étaient à 100 % dans le match et cela nous a beaucoup aidés. Nous étions très concentrés et les buts ont été très beaux. C'est un jour important pour nous. »

Dans toute l'histoire, aucune équipe disposant d'une telle avance au Boxing Day n'a jamais perdu la Premier League. L'entraîneur de Leicester, Brendan Rodgers, reconnaît que son ancien club est complètement détaché. Liverpool n'est pas encore à mi-parcours et pourtant on parle déjà de préparer les rubans rouge et blanc pour son couronnement.

Toujours aussi professionnel, Klopp reste inflexible sur le fait que personne au club n'évoque – ou même n'envisage – le fait de remporter le titre pour le moment. « La seule chose qui change, ce sont les chiffres, et maintenant c'est treize points. Nous ne le ressentons pas. Nous essayons simplement d'être prêts avec tout ce que nous avons. Les chiffres n'ont pas d'importance. »

Jürgen Klopp vit tout de même un Noël très profitable et si son équipe parvient à conserver la pole position, le plus beau cadeau reste à venir.

**Ci-contre :** Jordan Henderson, lors d'une impressionnante victoire 4-0.

**Ci-dessus à gauche :** Roberto Firmino, auteur d'un doublé.

**Ci-dessus à droite :** Trent Alexander-Arnold célèbre avec Jordan Henderson et Andy Robertson après avoir marqué le quatrième but de Liverpool.

# LA BANDE DE GAMINS DE KLOPP (1)

**Liverpool - Everton | Troisième tour de la FA Cup, 5 janvier 2020**

**Ci-dessus :** Une équipe de Liverpool inexpérimentée se prépare à affronter le rival, Everton, en Cup.

Jürgen Klopp n'a jamais eu peur de donner leur chance aux jeunes, mais le onze de départ aligné pour le troisième tour de la Cup à domicile contre Everton suscite des inquiétudes compréhensibles parmi les supporters.

Faire tourner l'effectif pendant les premiers tours en coupe n'a rien d'une nouveauté. Quelques mois seulement après sa prise de fonction à Anfield, Klopp avait aligné contre Plymouth Argyle l'équipe la plus jeune de l'histoire du club. Mais là, il s'agit du derby de la Mersey. L'enjeu ne se limite pas à la qualification.

Les Blues n'ont pas gagné à Anfield depuis 1999 et les Reds entendent bien que cette série perdure. L'objectif est le championnat, mais la suprématie locale reste importante.

Le manager refuse toutefois de se laisser influencer par la ferveur paroissiale. Klopp est convaincu qu'il n'a pas d'autre choix que de laisser au repos la quasi-majorité de ses joueurs importants.

C'est un risque qui aurait pu se retourner contre lui, mais Klopp a confiance en la profondeur de son banc. « Si vous voulez jouer pour Liverpool, vous devez respecter les principes de ce club », prévient-il. « Nous ne pouvons pas toujours jouer le meilleur football du monde, mais nous pouvons nous battre comme personne. »

L'équipe alignée comporte neuf changements par rapport à celle qui a disputé le dernier match de championnat. Seuls James Milner et Joe Gomez conservent leur place. Deux joueurs disputent leur première rencontre, un troisième entre en jeu à la dixième minute et quatre autres ne comptent que neuf titularisations à eux quatre. Cette équipe n'est pas la plus jeune de l'histoire de Liverpool, mais elle est certainement la plus inexpérimentée jamais alignée lors d'un derby de la Mersey.

Carlo Ancelotti, l'entraîneur des Blues, a, quant à lui, choisi d'aligner son meilleur onze, mais cela ne se remarqua pas. « J'ai vu une performance sensationnelle de la part d'une équipe ayant très peu d'expérience, avec beaucoup de garçons qui jouaient pour la première fois à ce niveau. C'était exceptionnel », savoure Klopp.

**Ci-dessus à gauche :** Un Jürgen ravi et le jeune défenseur central Nat Phillips après la victoire 1-0.

**Ci-dessus à droite :** Neco Williams fait preuve d'une grande habileté pour effacer Lucas Digne (Everton).

**Ci-dessus :** Marquer le but de la victoire contre Everton, un rêve devenu réalité pour le *Scouser* Curtis Jones.

Malgré la perte de Milner, son joueur le plus expérimenté, sorti sur blessure en tout début de match, cette équipe de débutants de Liverpool n'a jamais vacillé dans un match âpre et engagé. À la soixante-et-onzième minute, le milieu de terrain Curtis Jones s'illustre avec une action d'éclat qui permet aux Reds de remporter le match.

Jones, né à Liverpool et pur produit de l'Académie du Liverpool FC, n'était même pas né la dernière fois qu'Everton a gagné à Anfield. Insensible à la pression, il tente sa chance et enroule une sublime frappe du pied droit dans la lucarne et devient le plus jeune buteur dans un derby de la Mersey depuis Robbie Fowler en 1994.

« Les gamins ont tous très bien joué. Je ne pourrais pas être plus fier d'eux. J'ai adoré chaque seconde. Un match sensationnel et un but exceptionnel d'un *Scouser* – que demander de plus ? »

Les choix de Klopp se sont avérés payants et la légendaire boutade selon laquelle les deux meilleures équipes de cette ville sont Liverpool et la réserve de Liverpool n'a jamais été aussi vraie.

« J'ai grandi à Liverpool. Je rêve de jouer le derby depuis mon plus jeune âge. Avec un autre manager, je ne l'aurais peut-être jamais disputé. J'avais été malade pendant la semaine, mais il dit toujours qu'il ne faut jamais montrer de faiblesse. Je n'ai donc rien dit et je suis content de l'avoir fait. C'était très important pour moi. Il a donné ces conseils à tous les jeunes joueurs ce soir-là : "Jouez avec insolence. Gardez la maîtrise du ballon. Ne vous laissez pas submerger par l'événement." Fort de ses conseils, je suis entré sur le terrain pour profiter au maximum de cette occasion. Il nous a beaucoup aidé à franchir la marche qui sépare le centre de formation et l'équipe première. Je l'ai toujours considéré comme une figure paternelle. Chaque fois que j'ai eu des problèmes, sur le terrain ou en dehors, il a toujours été là pour m'aider. A mes yeux, il est le manager parfait. »

**CURTIS JONES,**
LIVERPOOL FC, 2019-PRÉSENT

# ET MAINTENANT VOUS ALLEZ NOUS CROIRE

**Liverpool - Manchester United | Premier League, 19 janvier 2020**

C'est le moment d'une prise de conscience radicale. Le jour où toutes les émotions refoulées au cours des trente dernières années se libèrent dans un seul et même rugissement. Même si Liverpool a été largement en tête pendant la majeure partie de la saison et qu'il est le favori pour succéder à Manchester City en tant que champion, personne à Liverpool, et surtout pas l'entraîneur Jürgen Klopp, n'a pris le risque de l'envisager publiquement.

De toutes les rencontres restantes, celle-ci est considérée comme celle qui a le plus de risques de mettre en péril le processus de conquête du titre par les Reds. C'est à Old Trafford, plus tôt dans la saison, que Liverpool a perdu ses seuls points

et l'inimitié historique veut que United soit bien décidé à essayer de faire dérailler à nouveau son ennemi juré.

Klopp et ses joueurs connaissent la signification d'une victoire ici. La tête de Virgil van Dijk leur permet de prendre l'avantage en première période, mais ce n'est qu'en toute fin de match que les nerfs sont mis à rude épreuve. Sur un long dégagement d'Alisson Becker, Mo Salah s'engouffre dans la surface de réparation et, devant le *kop*, le buteur le plus prolifique du championnat fait ce qu'il sait faire de mieux pour sceller le score, déclenchant le délire dans les tribunes, sur le terrain et sur la ligne de touche.

« C'est un grand soulagement », reconnaît Klopp. « Les garçons ont été brillants, ils ont pris la responsabilité de réaliser les rêves de tant de gens. Nous avons dominé le match, surtout en première période. L'énergie qu'ils ont déployée sur le terrain était incroyable. Puis nous avons marqué un but magnifique à la fin, c'est un sentiment très agréable. »

**Ci-contre :** Virgil van Dijk saute le plus haut pour donner l'avantage à Liverpool contre Manchester United.

**Ci-dessus :** Le but de Mo Salah scelle la victoire et permet aux Reds de prendre seize points d'avance en tête du classement.

**Ci-dessus :** Les supporters le savent désormais, Liverpool est le futur champion.

Quelques secondes après que le tir de Salah trouve le fond des filets, le mot d'ordre est monté crescendo, dans tous les recoins d'Anfield : « Et maintenant, vous allez nous croire, nous allons gagner la Premier League. » Un message clair et net.

« Ils peuvent chanter cela », répond le manager, qui fait de son mieux pour contenir ses émotions. « Je ne suis pas là pour leur dicter ce qu'ils doivent chanter. Si nos supporters n'étaient pas de bonne humeur en ce moment, ce serait vraiment étrange. Bien sûr, ils ont le droit de rêver. Mais nous ne participerons pas encore à cette fête. »

Il s'agit maintenant de savoir « quand » et non « si », bien que Klopp refuse typiquement de se prêter à ce genre d'exercice. « Nous sommes ici pour travailler. C'est aussi simple que cela. L'atmosphère est très positive, mais je dois rester concentré. Tout le monde peut faire la fête, sauf nous. »

Après tous les espoirs, toutes les angoisses et tous les doutes, le dernier obstacle a été franchi et la ligne d'arrivée est en vue. La victoire contre Manchester United permet à Liverpool de prendre seize points d'avance en tête de la Premier League, avec le luxe d'avoir un match en moins.

Pour les supporters en tout cas, les chaînes de la superstition sont enfin tombées. L'équipe de Jürgen Klopp est entrée dans la dernière ligne droite et seul un effondrement total pourrait l'arrêter.

« Jürgen Klopp était manifestement fait pour être le manager de Liverpool. Il a immédiatement créé un lien avec le club, ce dont très peu peuvent se prévaloir. Au lieu d'acheter une équipe de superstars, Klopp a construit une équipe de superstars. Il a fait de Liverpool un des plus grands et des meilleurs clubs d'Europe, mais, comme je ne le savais que trop bien moi-même, c'est le titre de champion qui était tellement important. La pression de mettre fin à cette longue attente était énorme, mais l'équipe qu'il a bâtie était destinée à le faire. Dès le début de la saison 2019-2020, elle a ressemblé à un champion potentiel. La victoire contre Manchester United à Anfield a été l'instant charnière où le doute a finalement et définitivement laissé la place à la foi. C'est l'une des plus grandes équipes de Liverpool de tous les temps et elle a apporté tant de joie à une nouvelle génération. En remportant ce titre, Klopp a rendu les gens heureux, mais surtout, il a changé leur vie. »

**JAMIE CARRAGHER,**
LIVERPOOL FC, 1996-2013

# DE RETOUR SUR LE PERCHOIR

**Liverpool couronné champion d'Angleterre, 25 juin 2020**

Le temps d'une seule soirée, le bleu est à l'honneur et tous les Reds se sont transformés en supporters de Chelsea. Liverpool pourrait d'ici quelques heures être couronné champion d'Angleterre pour la première fois depuis trente ans et ceci sans jouer. Tous les regards sont tournés vers Stamford Bridge, où tout autre résultat qu'une victoire de Manchester City enverrait le trophée à Anfield.

Pressentant que son équipe pourrait remporter le titre ce soir et que cette soirée pourrait être un des moments les plus importants de l'histoire du club, Jürgen Klopp donne rendez-vous à l'ensemble de son effectif et de son staff au Formby Hall Golf Resort, à la périphérie de la ville. Au programme, un barbecue et quelques verres avant de regarder le match à la télévision et, espéraient-ils, fêter le titre ensemble.

« Nous avons pris la décision qui nous a paru la meilleure », se souvient Klopp. « Ce sera un instant unique et si nous sommes sacrés ce soir, nous devons être ensemble et ne pas prendre le risque de vivre cet instant au téléphone en train de se dire : "Oh félicitations"... Ce n'est pas possible. »

Bien sûr, le monde a changé de façon spectaculaire au cours des derniers mois, la pandémie de Coronavirus ayant tout arrêté temporairement, y compris le football. Lorsque le pays a été verrouillé à la fin du mois de mars 2020, Liverpool n'avait besoin que de trois points supplémentaires pour décrocher le titre qu'il convoitait depuis si longtemps.

Dans une période de grande incertitude, il a même été question, pendant un certain temps, d'annuler la saison. C'était une phase inquiétante. Heureusement, une fois que les restrictions ont commencé à se relâcher légèrement et que le processus de retour à une certaine normalité a commencé, la Premier League a finalement repris à la mi-juin.

« Lorsque le confinement a débuté, je n'ai pas pensé au titre de champion une seule seconde parce que ce n'était pas important à ce moment-là », assure Klopp, « mais je me suis inquiété lorsque les gens ont commencé à parler de "nul et non avenu". Je l'ai ressenti physiquement. Cela aurait été vraiment, vraiment, vraiment difficile. On ne s'attendait pas à ce que l'on nous offre le titre sur un plateau. Nous ne voulions pas l'avoir sur une base de points par match, donc nous avons été très heureux quand il a été décidé que nous pourrions jouer à nouveau. »

Les matchs se jouant à huis clos, l'expérience est étrange, mais un titre est en jeu et Liverpool ne veut pas traîner. Le premier match de la reprise se solde par un nul 0-0 à Everton. La veille du match de Manchester City par Chelsea, Klopp a vu son équipe délivrer une performance de qualité et écraser Crystal Palace 4-0 à Anfield.

**Ci-contre :** Enfin champions d'Angleterre ! Fabinho, Roberto Firmino et Adrian sont prêts à fêter ça.

Standard
Chartered
LFC
Standard
Chartered
LFC
WU
Western
Union

Après une brève période de flottement, qui s'est traduite par une surprenante première défaite en championnat, à Watford, fin février, Liverpool a retrouvé le chemin de la victoire, ce qui n'a pas manqué de réjouir Klopp. Ce qui est encore plus impressionnant, c'est la manière dont la victoire a été obtenue. Ce résultat a rappelé à quel point Liverpool avait été bon plus tôt dans la saison et l'a mis sur la voie de son plus grand succès.

« C'était important pour les joueurs, et je ne pense pas que cela aurait pu être mieux parce que mes garçons ont joué comme si tout le monde était dans le stade », commente Klopp au sujet de la victoire contre Palace. « L'atmosphère sur le terrain était incroyable. C'était le meilleur match de contre-attaque que j'aie jamais vu. Les garçons sont en bonne forme et de bonne humeur. Il était important de montrer que nous sommes toujours là et que nous ne voulons pas attendre. J'étais très heureux, cela m'a donné l'impression que tout ira bien pour nous. »

Même s'il aurait été agréable de remporter le titre en jouant, compte tenu de tout ce qui se passait en dehors du football et du fait que l'on avait attendu si longtemps, tout ce qui comptait maintenant, c'était de finir le travail. C'est ainsi que, par un soir d'été étouffant de la fin juin, le manager et ses joueurs se rassemblent sur la terrasse extérieure de l'hôtel, à vingt-et un kilomètres d'Anfield, et se préparent à regarder leur destin se dérouler sous leurs yeux.

**Ci-dessous :** Virgil van Dijk célèbre le titre de champion d'Angleterre 2019/2020 pour Liverpool.

**Ci-dessus :** Jürgen et ses joueurs montrent fièrement les drapeaux qui indiquent que Liverpool est champion.

« Au début, on était très détendus », se souvient le manager. « Il y avait un autre match que nous avons regardé d'un œil. Nous étions en train de déguster un bon barbecue, puis Chelsea-City a commencé. Chelsea a marqué le premier but et il y a eu une célébration comme je n'en vois habituellement que lorsque nous marquons. »

Les acclamations qui accueillent le but de Christian Pulisic à la trente-sixième minute dans l'ouest de Londres secouent ce cadre habituellement tranquille, mais Klopp tient à ce que ses joueurs ne s'emballent pas trop vite, ajoutant : « Je n'ai pas trop aimé ça. C'est trop tôt, c'est Man City et pourquoi devrions-nous fêter cela ? »

Lorsque Kevin de Bruyne égalise dix minutes après le début de la seconde période, la dynamique tourne en faveur de City et le champagne est remis au frais. Au fur et à mesure que le match avance, la tension monte, tout comme le niveau des décibels sur les bords de la Mersey à chaque attaque des Londoniens.

Jusqu'à la controverse : la tentative de Tammy Abraham a-t-elle franchi la ligne ? L'arbitre estime que non, mais il semblerait que le joueur de City ait touché le ballon de la main. Appel à la VAR. Cela devient trop difficile pour les nerfs d'Alisson Becker qui se lève et s'éloigne de la télévision.

Après deux minutes d'attente, l'arbitre désigne le point de penalty. Les Reds retiennent leur souffle. Willian s'avance pour tirer. Il marque un léger temps d'arrêt dans sa course d'élan. Le gardien plonge sur sa gauche. William expédie le ballon dans la lucarne droite du but. « Le penalty est transformé… la célébration… et le décompte des minutes. C'était tout simplement incroyable », se souvient Klopp.

Il reste douze minutes, mais City se montre incapable de revenir au score. « J'ai appelé ma famille dix secondes avant la fin du match et je leur ai dit : "Je vous aime tous, je pose le téléphone sur la table, restez en ligne et vous verrez ce qui va se passer ici." »

Lorsque le coup de sifflet final retentit à Stamford Bridge, Formby Hall explose. Dans toute la ville, les klaxons des voitures ne cessent de résonner, tandis que les feux d'artifice illuminent le ciel nocturne à un rythme effréné. C'est comme si l'horloge venait de sonner minuit le soir du Nouvel An, mais avec beaucoup plus de signification pour les habitants de Liverpool. Ce qui a longtemps été considéré comme inévitable est désormais officiel.

Sept matchs avant la fin du championnat – un record –, le Liverpool FC est sacré champion d'Angleterre 2019-2020, et Klopp est totalement submergé par l'émotion. « Absolument l'un des meilleurs moments de football que j'ai vécus dans ma vie. C'était absolument exceptionnel », s'enthousiasme-t-il.

« Vous n'avez aucune idée de ce que vous pouvez ressentir avant que cela ne se produise. C'était de la joie pure, un énorme soulagement dans la seconde qui a suivi, puis j'ai commencé à pleurer. Ensuite, j'ai voulu parler à [ma femme] Ulla et je n'ai pas pu, je l'avais au téléphone et je ne pouvais pas parler, je pleurais. Je ne savais pas pourquoi c'était arrivé, je n'en avais aucune idée, je ne pouvais pas m'arrêter. Je n'ai jamais eu de situations dans ma vie où je n'ai pas pu m'arrêter de pleurer sans savoir exactement pourquoi. »

Une fois ses larmes séchées, Klopp a pris le temps de réfléchir et de réaliser l'ampleur d'un tel accomplissement. Il a réussi là où ses sept prédécesseurs immédiats avaient échoué et mis fin à la longue et souvent laborieuse attente de trente ans pour un titre de champion. Au point même que certains supporters craignaient de ne plus jamais voir leur club remporter le trophée suprême. Le nom de Jürgen Klopp sera à jamais associé à celui des plus grands entraîneurs de l'histoire du club et, pour couronner le tout, son équipe l'a réussi de façon spectaculaire, écrivant l'histoire à son tour.

« C'est un véritable exploit, mais je ressens un soulagement général. Je ne savais pas comment nous allions revenir après cette longue pause de trois mois. Il n'y a pas de match facile en Premier League... c'est un grand moment. Pour être honnête, je n'ai pas vraiment de mots. Je suis complètement bouleversé. Je n'ai jamais pensé que cela se passerait ainsi. Je n'en avais aucune idée. Je ne pourrais pas être plus fier de mes joueurs et de mon staff. Depuis que nous sommes arrivés, nous avons vécu une expérience extraordinaire. Et les supporters, c'est pour vous. Nous l'avons fait ensemble et ce fut une joie. C'est plus que ce dont j'avais rêvé. »

Une fois les obligations médiatiques terminées, les Reds se lancent dans une nuit bien méritée de célébrations endiablées. Klopp et ses joueurs, tous vêtus d'un maillot rouge avec l'inscription « Champions 19/20 » au dos, chantent et dansent jusqu'au bout de la nuit. Le Liver Bird est de retour sur son perchoir. Pour Jürgen Klopp, il ne reste plus qu'une seule chose à faire.

Le lendemain matin, avant l'aube, il a encore un coup de fil à passer. Il s'agit de la personne à qui l'on doit la fin du règne de Liverpool dans les années 1990. « Bonjour... c'est bien Sir Alex ? »

Plus tôt dans la soirée, Klopp avait manqué un appel de l'ancien entraîneur de Manchester United. Il le réveille donc à 3 h 30 du matin pour lui rappeler gentiment, au cas où il l'aurait manqué, l'identité des nouveaux champions d'Angleterre.

« Je pense que Liverpool a eu beaucoup de chance que Klopp signe à ce moment-là. Le succès de Liverpool dans les années 1960 devait beaucoup à l'enthousiasme de Shankly et je pense que Klopp en a lui aussi énormément. Il a également de la personnalité et de la présence. Il a réussi à unir tout le club, à procurer du plaisir avec ses équipes et à insuffler à ses joueurs la volonté de ne jamais abandonner. L'exigence de remporter le titre devait être si grande quand il y sont enfin parvenus après trente ans d'attente. J'ai ressenti la même pression à United. Nous sommes amis. J'ai essayé de le joindre et j'ai laissé un message. Il m'a téléphoné à trois heures du matin ! Il avait fait la fête toute la nuit et me remerciait pour mon message. Je me suis dit qu'il ne s'était probablement pas rendu compte de l'heure ! Incroyable. Mais je lui ai pardonné, au moins il m'a rappelé ! »

**SIR ALEX FERGUSON,**
MANAGER DE MANCHESTER UNITED,
1986-2013

« Si, en 1990, quelqu'un avait dit que Liverpool devrait attendre trente ans avant d'être de nouveau sacré champion, tout le monde se serait moqué de lui. Il fallait quelqu'un de spécial pour mettre fin à cette attente et cet homme c'était Jürgen. Un Scouser d'adoption auquel les supporters se sont immédiatement identifiés, dès son arrivée au club. Sa positivité incarne tout ce que Liverpool représente. Cette soirée était l'aboutissement de tout le travail effectué depuis qu'il était devenu manager et personne ne pouvait les priver, lui et son équipe, de ce moment de reconnaissance. Ce soir-là, debout dans *le k*op vide, l'ambiance était surréaliste, mais c'était un honneur et un privilège d'avoir été invité à remettre le trophée de la Premier League. Je me souviens que Jürgen était plus excité que n'importe qui et qu'il méritait de l'être. Lorsqu'il a été nommé, j'ai dit : "Attachez vos ceintures et préparez-vous au décollage", et j'ai eu raison. Il nous a fait vivre un sacré voyage. *Danke, Jürgen.* »

**SIR KENNY DALGLISH,**
MANAGER DE LIVERPOOL FC,
1985-1991 ET 2011-2012

# LE COURONNEMENT

**Liverpool - Chelsea | Premier League, 22 juillet 2020**

C'est le couronnement d'une saison pas comme les autres. Sur le terrain, la campagne a été glorieuse et inoubliable. Ce qui s'est passé en dehors du terrain est sans précédent et, en fin de compte, ajoute un côté épique. Après trente longues années, Liverpool a reconquis son titre de roi incontesté du football anglais et s'apprête à récolter la récompense ultime de ses efforts.

Nous sommes à la fin du mois de juillet, la période de l'année où les joueurs reprennent normalement l'entraînement de pré-saison, mais les nouveaux champions ont un dernier match à domicile à jouer, et ils savent qu'ils vont vivre un moment de grâce. « C'est un peu comme Noël », explique Jürgen Klopp avant le match. « C'est un jour très important et, oui, nous sommes très excités. »

Le match proprement dit n'est qu'un faux-semblant. Les Reds prennent une avance de trois buts avant la mi-temps, avant qu'une remontée tardive de Chelsea ne menace de gâcher la fête, mais Klopp et ses joueurs, qui ont travaillé si dur pour arriver jusqu'ici, refusent de se laisser faire. Le match s'achève finalement sur le score de 5-3.

En d'autres temps, la qualité du jeu aurait été longuement discutée, mais c'est la suite du programme qui a le plus compté.

**Ci-dessous :** Sir Kenny Dalglish félicite Jürgen avant la remise du trophée de la Premier League.

**Ci-dessus :** Jürgen et le staff célèbrent le titre de champions.

**Ci-contre :** Large sourire pour le patron en regardant son capitaine soulever le trophée.

**Page suivante :** L'attente de trente ans est terminée et Liverpool est à nouveau champion d'Angleterre.

Depuis qu'Alan Hansen s'est vu remettre le titre de champion de première division à Anfield en mai 1990, tous les Kopites en rêvaient. Pourtant, à aucun moment au cours de ces trois décennies sans titre, personne n'aurait pu imaginer que la grande traversée du désert s'achèverait ainsi.

Un stade vide en plein été, une scène construite pour l'occasion sur le *kop* et des masques obligatoires pour ceux qui remettent les médailles. Pourtant, voir enfin ce trophée de Premier League à Anfield, avec des rubans rouge et blanc attachés aux poignées et le nom de Liverpool gravé sur le socle, est à la fois un spectacle pour les yeux endoloris et un soulagement bienvenu.

C'est la légende du club, Kenny Dalglish, le dernier entraîneur à avoir mené Liverpool au titre, qui a été choisi pour faire la présentation. Il est regrettable qu'aucun supporter ne soit présent dans le stade pour partager ce moment précieux, mais lorsque Jordan Henderson brandit finalement le trophée tant convoité, seules coulent les larmes de joie. Tous les problèmes du passé sont ainsi balayés dans un raz-de-marée d'émotions.

« Nous l'avons vraiment fait pour eux [les supporters]. Nous faisons la fête ici seuls, mais nous savons que tout le monde fait la fête avec nous à la maison. C'est un grand moment, un moment absolument formidable. Devenir champion avec ce club est absolument incroyable. C'est un grand honneur d'en être le manager. Pour moi, c'est une chance inouïe. Mais il y avait une certaine responsabilité [celle de remporter le titre de Premier League] et, évidemment, elle m'a été retirée à ce moment-là. »

Anfield brille de mille feux dans l'obscurité et les célébrations se poursuivent. C'est le point culminant d'une saison mémorable qui, pour de nombreuses raisons, ne sera jamais oubliée.

andard
artered
Premier League
Premier League
Premier League

Standard Chartered
new balance
Standard Chartered
CHAMPIONS

new balance
Standard Chartered
AXA Know You Can

# LE BOSS (1)

**Jürgen Klopp nommé manager de l'année 2019-2020**

Il n'y a pas de plus grand défenseur du football collectif que Jürgen Klopp ; les récompenses individuelles ne sont pas sa tasse de thé. Mais après avoir mené Liverpool à un incroyable triplé en 2019-2020, un autre honneur lui tombe rapidement dessus – personne ne méritait ce titre plus que lui.

Vingt-quatre heures après la trente-deuxième victoire de la saison en championnat, un record, à Newcastle, il n'est pas surprenant que Klopp soit nommé manager de l'année par l'Association des managers de la ligue.

Après une telle saison, ce prix n'aurait pu être attribué à quelqu'un d'autre. Même les supporters des rivaux les plus acharnés de Liverpool ne lui auraient pas refusé cette récompense. C'est un trophée à ranger fièrement aux côtés de la Super Coupe de l'UEFA, de la Coupe du monde des clubs de la FIFA et du titre de Premier League, et il l'accepte avec gratitude.

« Je suis absolument ravi d'avoir été désigné vainqueur du prix du manager de l'année de la League Managers Association, pour ce magnifique trophée Sir Alex Ferguson, qui porte le nom d'un homme que j'admire tant », déclare l'entraîneur de Liverpool.

Grâce à cette victoire à St James' Park, l'équipe de Klopp établit également un nouveau record pour le club en bouclant la saison avec quatre-vingt-dix-neuf points, soit dix-huit points d'avance sur son dauphin, Manchester City. Le travail extraordinaire accompli au cours des cinq saisons qui se sont écoulées depuis qu'il a pris les rênes de Liverpool a été pleinement apprécié par tout le monde à Anfield, où l'estime dont il jouit a désormais atteint des niveaux qui n'étaient auparavant accordés qu'à certains des noms illustres qu'il a désormais imités.

« C'est un honneur de rejoindre le cercle des managers récompensés par le trophée de l'année, et notamment, bien sûr, les anciens managers de Liverpool, Bill Shankly, Bob Paisley, Joe Fagan, Sir Kenny Dalglish et, plus récemment, Brendan Rodgers », ajoute Klopp.

Comme à son habitude, il prend soin de détourner les éloges de sa personne en attirant l'attention sur la contribution méconnue de tous ceux qui l'ont aidé à remporter les succès de Liverpool. « Je suis ici au nom de mes adjoints. Je l'ai souvent dit, je suis bon en tant que manager, mais ils font de moi, ils font de nous, un groupe spécial de cerveaux du football et j'adore travailler avec eux. C'est un plaisir. »

« Nous avons tellement de gens formidables ici qui ont fait en sorte que nous ayons remporté le titre cette année, et je sais que c'est seulement grâce à cela que j'ai reçu ce trophée. Mes joueurs, toutes les personnes avec lesquelles je travaille, je prends ce trophée et je l'aime pour nous tous. Merci beaucoup. Une saison particulière avec un prix très spécial à la fin. Merci, je suis vraiment honoré de l'avoir reçu. »

**Page suivante :** Le manager de la saison 2019-2020 pose avec sa récompense sur le terrain d'entraînement du club à Melwood.

« Je n'oublierai jamais le moment où Jürgen m'a appelé pour me demander de revenir au club. "Ensemble, nous allons conquérir le monde", m'a-t-il dit. Je ne pensais pas qu'il le pensait littéralement mais, bien sûr, en 2019-2020, c'est ce que nous avons fait. Non seulement cela, mais nous avons ramené le trophée que tout le monde attendait désespérément. Notre succès n'a pas connu de limite cette saison-là et Jürgen a mérité son élection du manager de l'année. Au cours des vingt dernières années, seuls quelques entraîneurs ont développé un style de football qui a marqué une époque comme il l'a fait. Pour moi, c'est un frère, un ami, un mentor, et nous avons ensemble beaucoup de bons souvenirs. Il a toujours dit que l'important, ce n'est pas ce que les gens pensent quand vous arrivez, c'est ce qu'ils pensent quand vous partez, et Jürgen a complètement changé l'identité de ce club. Il est le nouveau Shankly. »

**PEPIJN LIJNDERS,**
ENTRAÎNEUR DE L'ACADÉMIE DE LIVERPOOL 2014-2015, COACH DE DÉVELOPPEMENT DE L'ÉLITE / COACH DE LA PREMIÈRE ÉQUIPE, 2015-2017 ET ASSISTANT-MANAGER, 2018-2024

JK
BARCLAYS
MANAGER
OF THE SEASON
JÜRGEN KLOPP
2019 / 2020

Emirates

# LES MONSTRES AU MENTAL D'ACIER

2020–2022

# REDS VS BLUES

**Everton - Liverpool | Premier League, 17 octobre 2020**

**Ci-dessous à gauche :** Tête de Jordan Henderson dans Goodison Park vide.

**En bas à droite :** Jürgen donne quelques conseils à la nouvelle recrue Diogo Jota.

**Ci-contre :** Sadio Mané, auteur du premier but de Liverpool après seulement trois minutes de jeu.

Pour la première fois en trente ans, Liverpool débute une saison dans la peau du champion en titre. Les joueurs de Jürgen Klopp se retrouvent donc dans la position inhabituelle d'être l'équipe contre laquelle tout le monde veut à tout prix faire ses preuves.

Les Reds retrouvent rapidement le chemin de la victoire ; le triplé de Mo Salah lors d'une palpitante victoire 4-3 à domicile contre le promu Leeds United, lors de la première journée, est le premier chapitre d'un temps fort qui voit Liverpool remporter trois victoires d'affilée en championnat. Trois nouveaux visages sont venus renforcer l'équipe : le milieu de terrain espagnol Thiago Alcantara, en provenance du Bayern Munich, l'attaquant portugais Diogo Jota, en provenance de Wolverhampton Wanderers, ainsi que le défenseur latéral grec Kostas Tsimikas, arrivé plus tôt cet été.

À première vue, les Reds lancent un avertissement à leurs rivaux : leur arracher la couronne ne sera pas chose aisée. Mais les restrictions imposées par le Covid signifient que les matchs se jouent toujours à huis clos. Le football n'est plus le même et Klopp et son équipe ne tardent pas à en ressentir les effets.

Liverpool fait le court déplacement à Goodison Park à la mi-octobre après une cuisante défaite 7-2 à Aston Villa, la pire défaite subie par le club depuis cinquante-sept ans, ce qui n'est pas sans susciter quelques interrogations.

Les joueurs sont prêts à se racheter face à Everton, avec une pression importante pour répondre aux critiques, exactement comme le souhaite Klopp. Ils prennent l'avantage à deux reprises, par Sadio Mané après seulement trois minutes de jeu puis par Mo Salah au milieu de la seconde période, avant de se faire rejoindre à chaque fois.

Standard
Chartered
L.F.C.
6

**Ci-dessus :** Blessure et saison terminée pour Virgil van Dijk.

« Nous sommes très, très satisfaits de notre performance. C'est le meilleur match que nous ayons joué ici depuis que j'ai pris les rênes de l'équipe », assure Klopp.

Mais deux décisions controversées de la VAR empêchent les Reds d'obtenir la victoire qu'ils méritaient. Klopp s'irrite du but refusé à Jordan Henderson dans les arrêts de jeu, et plus encore de la grave blessure au genou subie par Virgil van Dijk en première mi-temps, qui aura de lourdes conséquences pour le reste de la saison. Klopp estime enfin que le gardien d'Everton Jordan Pickford aurait dû recevoir un carton rouge pour un plongeon dangereux, mais la VAR n'a examiné l'incident que pour vérifier s'il y avait un hors-jeu. « Nous avons perdu un joueur dans une situation où la VAR n'était pas impliquée, avec Virgil, et peut-être un autre dans la situation du carton rouge et nous avons marqué un but valable, qui n'a pas été compté », fulmine l'entraîneur après coup. « L'image que j'ai vue n'était pas celle d'un hors-jeu, mais c'est parce que quelqu'un l'a décidé. »

Si la perte de deux points en fin de match est frustrante, c'est la perte du pilier de sa défense qui contrarie surtout Klopp. Le défenseur blessé aux ligaments du genou doit être opéré. Il est donc forfait pour le reste de la saison.

Van Dijk ne manquera pas de compagnie dans la salle de soins. Sa blessure déclenche un effet domino : les joueurs de Liverpool tombent comme des mouches et Klopp doit faire face à la plus grande crise de blessures de sa carrière d'entraîneur.

« Quand on évoque les qualités de manager de Jürgen et de son rang dans la hiérarchie des managers, il est certainement au sommet de la liste avec les autres grands managers que nous avons eus à Anfield. Il a replacé Liverpool tout en haut de la hiérarchie du football mondial et l'a ramené au plus haut niveau, dans notre pays et à l'étranger. Je me souviens que lors de sa première saison, il avait un plan pour faire progresser le club et, après avoir écouté ce qu'il disait, j'ai pensé : "Wow, ce manager, cet individu est une véritable superstar." Quand vous regardez les progrès réalisés, là où était Liverpool à son arrivée, ce que le club est devenu pendant son mandat, et où il le laisse, c'est absolument exceptionnel. Il a gagné des titres et en a perdu d'autres, mais, plus important encore, c'est le plaisir qu'il aura procuré qui restera son plus grand héritage. »

**ROBBIE FOWLER,**
LIVERPOOL FC, 1993-2001 ET 2006-2007

# PREMIÈRE DÉFAITE À DOMICILE DEPUIS QUATRE ANS

**Liverpool - Burnley | Premier League, 21 janvier 2021**

Lors de la saison 2020-2021, Anfield, la puissante forteresse impénétrable du football anglais et européen, n'est plus que l'ombre d'elle-même, et ce n'est pas un hasard si l'équipe de Jürgen Klopp, autrefois si conquérante, en a souffert.

Bien sûr, d'autres facteurs ont contribué à expliquer les difficultés de Liverpool cette saison. La longue liste de traumas qui a commencé avec la blessure au genou de Virgil van Dijk a fini par mettre vingt-trois joueurs sur la touche à un moment ou à un autre.

Les efforts fournis ces dernières années ont sans doute pesé lourd dans les organismes. L'équipe a fonctionné à plein régime au plus haut niveau pendant une longue période et il n'était pas déraisonnable de s'attendre à une sorte de gueule de bois à un moment ou à un autre.

Mais il ne faut pas être un génie pour comprendre que le manque de soutien à l'intérieur du stade a également joué un rôle important. Comme le dit le vieil adage, le football sans les supporters n'est rien et pendant une grande partie de cette campagne, c'est certainement ce que les Liverpuldiens ont ressenti.

Sans les images et les sons uniques du public d'Anfield, le manager et les joueurs n'avaient pas d'étincelle pour se nourrir. On pourrait dire que c'est la même chose pour toutes les équipes, dans tous les stades, mais nulle part on ne l'a ressenti plus qu'ici, où le « douzième homme » a si souvent tiré l'équipe vers le haut dans les moments difficiles.

En janvier 2021, cela faisait bientôt quatre ans que Liverpool n'avait pas perdu à domicile en Premier League, soit une incroyable série de soixante-huit matchs. L'équipe de Klopp a même réussi à conserver le fier record d'invincibilité à domicile tout en jouant à huis clos depuis six mois. Mais s'il y a un moment où elle a besoin du soutien de ses supporters, c'est bien maintenant.

Les champions en titre, qui avaient pris la tête du classement au début de l'année, vivent une période maussade. Cinq matchs sans victoire en championnat et trois

**Ci-contre :** Ashley Barnes, l'attaquant de Burnley qui a mis fin à la longue série d'invincibilité de Liverpool à Anfield.

**Ci-dessus :** Roberto Firmino tente en vain de percer l'arrière-garde de Burnley.

**Ci-dessus :** Jürgen réconforte ses joueurs après la défaite surprise de Liverpool à domicile.

sans but. La confiance s'effrite rapidement. La modeste équipe de Burnley frappe à la porte. Personne ne s'attend à ce que cette petite équipe menace l'invincibilité des Reds à domicile, mais un penalty d'Ashley Barnes à sept minutes de la fin permet aux visiteurs de remporter une victoire historique, ce qui ne fait qu'aggraver la situation de l'entraîneur.

Depuis avril 2017, Klopp n'avait pas connu la moindre défaite en championnat à domicile. « Un énorme coup de poing dans la figure. Un coup dur, pas facile à expliquer. »

Liverpool est désormais clairement une équipe sur la pente descendante et chute à la quatrième place. « Si je vous parlais de la course au titre après une défaite contre Burnley, ce serait idiot », ajoute Klopp.

La situation ne fait qu'empirer. Au cours des deux mois suivants, Liverpool subit inexplicablement cinq autres défaites consécutives à domicile, ce qui réduit à néant ses chances de remporter le titre cette saison.

Le boss n'est pas du genre à chercher des excuses. S'il l'avait fait, il n'aurait eu que l'embarras du choix, mais un Anfield vide et sans âme n'arrangeait certainement pas les choses. « Tout a été plus difficile sans les supporters », déplore-t-il simplement.

« Travailler pour Jürgen a été pour moi une source d'apprentissage inestimable dès le premier instant. Chaque conversation, chaque séance, a été une *masterclass*. Nous savons tous à quel point le manager aime la contre-attaque et il y met beaucoup de passion, que ce soit pendant les matchs ou sur le terrain d'entraînement. Le simple fait de le regarder suscite l'enthousiasme. Vouloir attaquer en permanence et autant maîtriser l'art de la contre-attaque est quelque chose d'unique dans l'histoire du football. En tant qu'entraîneur, vous essayez simplement d'assimiler tout cela et de l'utiliser pour construire votre propre philosophie de jeu, comme cela a toujours été le cas avec Jürgen. Je suis très reconnaissant de la façon dont il m'a accueilli dans le club, en me permettant de travailler avec des joueurs d'un tel rang, à ce niveau d'entraînement et de compétition. Je ne ressentirai jamais que de l'honneur et de la fierté d'avoir fait partie de son projet ici. Cela a été l'aventure d'une vie et partager tous ces moments mémorables a été absolument incroyable. »

**VITOR MATOS,**
COACH EN DÉVELOPPEMENT DE L'ÉLITE
DU LIVERPOOL FC, 2019-2024

# INTERVENTION DIVINE

**West Bromwich Albion - Liverpool | Premier League, 16 mai 2021**

Les périodes désespérées appellent des mesures désespérées, et la situation dans laquelle Liverpool se retrouve à la fin de la saison 2020-2021 est la plus délicate du mandat de Jürgen Klopp.

Les champions en titre traversent une saison à oublier. L'absence persistante de supporters dans les stades donne lieu à un spectacle peu inspirant et une succession de blessures a contribué à la pire série de résultats sous l'ère Klopp.

Neuf défaites en championnat – du jamais vu pour une équipe qui n'avait perdu qu'une poignée de rencontres au cours des trois saisons précédentes – ont mis fin depuis longtemps à tout espoir de conserver le titre. Les parcours en coupe ont, eux aussi, pris fin prématurément.

Mais cette baisse de forme inquiétante risque d'avoir des conséquences néfastes. À trois journées de la fin, les Reds occupent la cinquième place du classement et risquent fort de ne pas se qualifier pour la Ligue des champions. Ce serait une véritable déchéance pour un club sacré champion d'Europe deux ans auparavant.

Avant ce déplacement à The Hawthorns, les résultats de Liverpool se sont améliorés, mais il est impératif de continuer à gagner pour avoir une chance de terminer dans les quatre premiers. Liverpool est mené au score mais Mo Salah égalise. Malheureusement, à l'approche du coup de sifflet final, le score reste de 1-1, un résultat qui pourrait anéantir tous les espoirs.

Et, à quelques secondes de la fin, dans une dernière tentative désespérée d'arracher les trois points tant espérés, Alisson Becker monte sur un corner tiré de la gauche par Trent Alexander-Arnold. Le ballon flotte dans la surface. Le gardien brésilien s'élève miraculeusement plus haut que tout le monte et marque de la tête un but sensationnel qui donne la victoire aux Reds à la dernière minute. C'est un moment extraordinaire qui défie l'entendement et qui permet à Liverpool de poursuivre sa saison.

« Ce match résume notre saison », admet Klopp, soulagé. « Nous avons dû travailler comme des fous mais nous avons continué à jouer au football et, à la fin, nous avons eu besoin d'Alisson pour régler le problème. Je n'ai jamais rien vu de tel. C'était un coup de tête incroyable. La technique était folle. Mon rôle dans le but se limite à ne pas avoir crié "Ne monte pas". Je l'ai laissé y aller. »

Après le décès du père d'Alisson plus tôt dans l'année, c'est un moment émouvant que le boss, qui a récemment perdu sa mère, peut comprendre. « Nous sommes très proches et je sais exactement ce que cela représente pour lui. C'est exceptionnel, très touchant. Ce n'est que du football, mais cela représente beaucoup pour nous. »

**Ci-contre :** Alisson Becker entre dans l'histoire en devenant le premier gardien à marquer un but en compétition pour Liverpool.

**Page suivante :** Ses coéquipiers n'en croient pas leurs yeux, mais le coup de tête remarquable d'Alisson en fin de match permet à Liverpool de rester en vie.

**Page 195 :** Le gardien de but Alisson Becker félicité par le boss.

Cela signifie également que Liverpool conserve toutes ses chances de retrouver la Ligue des champions la saison suivante. L'improbable buteur, quant à lui, entre dans l'histoire en devenant le premier gardien à marquer un but en compétition pour Liverpool, et un but ô combien important.

Standard
Chartered
LFC

« Je me souviens de notre première conversation, un appel vidéo sur FaceTime. Il a décroché et il a souri. J'ai souri et il était évident que le courant allait passer entre nous. Il faisait en sorte que l'équipe se sente à l'aise, mais il n'en oubliait pas pour autant de nous mettre la pression nécessaire. Lorsque j'ai marqué à West Brom, c'était un moment tellement important et émouvant. Cela signifiait tant. J'ai dédié le but à mon père, mais c'était aussi un remerciement à mon boss. Comme moi, il a traversé des moments difficiles, mais il a toujours trouvé le temps de me soutenir quand j'en ai eu le plus besoin. On n'oublie jamais ce genre de choses. C'est un grand homme et un grand manager, et cela a été un immense plaisir de remporter autant de grands titres ensemble. »

**ALISSON BECKER,**
LIVERPOOL FC, 2018-PRÉSENT

LFC
Standard
Chartered
1

# MISSION ACCOMPLIE

**Liverpool - Crystal Palace | Premier League, 23 mai 2021**

La saison 2020-2021 est à oublier pour de multiples raisons. Mais, en ce week-end de clôture, Liverpool peut encore espérer décrocher la quatrième place.

Pour les champions en titre, il s'agit d'une véritable déception par rapport à ce à quoi ils s'étaient habitués sous la houlette de Jürgen Klopp, une situation qui semble à des années-lumière de leurs récents succès. C'est un dur retour à la réalité, mais cela aurait pu être pire.

Quelques mois plus tôt, leur saison était terminée, mais Klopp, contre toute attente, a réussi à remobiliser ses joueurs pour les ramener dans la course à la qualification pour la Ligue des champions.

Après les exploits d'Alisson à West Brom, Liverpool se rend à Burnley pour son avant-dernier match de la saison. Le jeune défenseur Nat Phillips se distingue lors d'une victoire 3-0 qui permet aux Reds de revenir dans le top 4 pour la première fois depuis février.

Leur retour en forme a été parfaitement programmé. Il ne leur reste plus qu'à battre Crystal Palace à domicile lors de la dernière journée pour boucler la boucle. « Les dernières semaines et les derniers mois ont été bons. Nous avons bien joué. Les garçons ont travaillé dur. Mais tout cela nous a permis d'arriver à cette place

**Ci-dessous à gauche :** Le gardien de Crystal Palace écarte le tir de Roberto Firmino lors de la dernière journée de la saison 2020-2021.

**Ci-dessous à droite :** Une petite partie des dix mille supporters autorisés à revenir à Anfield pour ce match.

aujourd'hui. Nous ne rendons pas ce match plus important qu'il ne doit l'être – il est important, nous le savons. Et les grands matchs nécessitent de grandes performances », écrit le manager dans son carnet de notes.

Liverpool reçoit le coup de pouce idéal juste avant en apprenant que jusqu'à dix mille supporters seront de retour au stade. Avec le soutien du public, même s'il ne représente qu'un cinquième de ce à quoi ils sont habitués, les joueurs de Klopp sont galvanisés.

Gini Wijnaldum est le capitaine de l'équipe pour sa dernière apparition avec le club. Les deux buts de Sadio Mané, un par mi-temps, sauvent une saison qui, sans cela, aurait été l'une des plus médiocres de l'histoire du club. « Le club a fait un grand pas en avant. Je n'en reviens pas de la façon dont les choses se sont déroulées ces dernières semaines. Nous voulions gagner ce match, ressentir cette atmosphère. C'est incroyable. »

Pour la première fois depuis 2018, aucun trophée ne vient récompenser les efforts déployés cette année, mais, compte tenu des circonstances, le boss affiche sa satisfaction. « Il y a cinq, six ou huit semaines, c'était hors de portée, à peine possible. Se battre et finir ici, à la troisième place, c'est la meilleure leçon de vie que l'on puisse recevoir. Passer de nulle part à la Ligue des champions en cinq semaines, c'est un exploit. »

En dépit de toutes les critiques reçues en 2020-2021, le Liverpool de Jürgen Klopp s'est imposé. Les Reds ont réussi à atteindre le strict minimum de leurs objectifs d'avant-saison et, avec un énorme soupir de soulagement, ils vont maintenant se ressourcer, prêts à repartir de l'avant.

**Ci-dessus :** Les deux buts de Sadio Mané permettent d'arracher la victoire et la quatrième place.

**Page suivante :** Nat Phillips, le roc de la défense, indispensable dans la course à la qualification en Ligue des champions.

« Jouer pour Liverpool est une grande fierté, mais pour moi, dire que j'ai joué pour le Liverpool de Jürgen Klopp, en est une plus grande. Il a été le premier manager à croire en moi et je suis devenu un meilleur joueur en travaillant sous ses ordres. J'ai dû convaincre beaucoup de gens, mais nous avons toujours eu une bonne relation et il m'a vraiment fait confiance vers la fin de la saison 2020-2021. Le club avait la pression de se qualifier pour la Ligue des champions, mais Klopp a veillé à ce que les joueurs n'en souffrent pas. Nous avons réussi une bonne série et, à la dernière journée, il ne manquait plus qu'un dernier coup de collier. Nous avons obtenu le résultat escompté et tout le monde a pu enfin respirer à nouveau. Faire partie d'une équipe dirigée par quelqu'un de sa stature a été un plaisir et quelque chose dont je serai toujours fier. »

**NATHANIEL PHILLIPS,**
LIVERPOOL FC, 2020-PRÉSENT

L.F.C.
standard
chartered
47

# COUP DE TONNERRE SUR OLD TRAFFORD

**Manchester United - Liverpool | Premier League, 24 octobre 2021**

Le football a retrouvé un semblant de normalité au cours de la saison 2021-2022. Les supporters sont enfin de retour dans les stades et Liverpool est de nouveau à la pointe de la lutte pour les grands honneurs du football.

L'équipe de Jürgen Klopp a tourné la page et entamé une série de seize matchs sans défaite depuis le début de la saison. C'est comme si l'horloge avait soudainement été ramenée quelques années en arrière, avec toutefois quelques nouveaux visages, le défenseur central Ibrahima Konaté ayant rejoint l'équipe en provenance du RB Leipzig.

Ce qui n'a pas changé, c'est le plaisir éprouvé par les habitants de Liverpool à assister au changement de pouvoir sismique entre Liverpool et son vieux rival Manchester United. Les événements survenus à Old Trafford en octobre 2021 mettent pour la première fois en lumière le fossé grandissant entre les deux plus grands clubs du pays, traditionnellement les plus prospères. À l'instar d'un derby

**Ci-dessous :** Andy Robertson célèbre l'ouverture du score de Naby Keita dans le match de l'année (5-0 à Old Trafford !)

local, l'enjeu d'un match de Manchester ne se limite pas à des points. Le vieux cliché qui veut que la manière ne compte pas se vérifie souvent.

Mais ce n'est pas le cas cette fois-ci. Liverpool aborde le match en pleine forme et en pleine confiance. United, quant à lui, piétine et ne donne aucun signe de vouloir se mêler à la course au titre. Les supporters locaux abordent le match avec appréhension, et leurs craintes sont justifiées.

Liverpool est au sommet de son art et écartèle United sans pitié devant la Stretford End. Les Red Devils sont surpris par la pression incessante, les contre-attaques rapides et la finition impitoyable de l'équipe de Klopp. Le score est de 2-0 après seulement… treize minutes. Naby Keita et Diogo Jota sont les premiers buteurs avant que Mo Salah ne délivre un incroyable récital avant et après la mi-temps. Salah marque trois fois et devient ainsi le premier joueur adverse à réaliser un triplé en Premier League à Old Trafford, et le premier joueur de Liverpool à le faire, toutes compétitions confondues, depuis 1936.

À la cinquantième minute, le match est bel et bien terminé. Devant ses propres supporters, United est totalement humilié. À 5-0, les visiteurs se relâchent un peu, satisfaits d'avoir pris les points et écrit l'histoire.

Old Trafford s'est vidé. Au coup de sifflet final, les quelques huées des irréductibles restés pour braver le massacre sont étouffés par les rires et les chants

**Ci-dessous :** But de Mo Salah (3-0 pour Liverpool !)

**Ci-dessus :** Diogo Jota félicité par James Milner et Roberto Firmino après avoir marqué le deuxième but de Liverpool.

de célébration des supporters de Liverpool, qui se délectent de la plus belle victoire de leur club dans une enceinte qui a si souvent été le cimetière de leurs rêves.

Même les plus grandes équipes de Liverpool n'avaient jamais humilié de la sorte leurs plus féroces rivaux à Old Trafford. C'est un après-midi que l'on n'oubliera jamais.

« Qu'est-ce que je peux dire ? Est-ce que je m'attendais à cela ? Non. Le résultat est fou », siffle Klopp aux caméras de télévision dans la foulée du match. « C'est un très bon jour, un grand jour. C'est un petit chapitre de l'histoire du club. Les gens en parleront à l'avenir car cela ne se reproduira pas avant longtemps, voire jamais. »

Si le manager a raison de souligner le caractère exceptionnel de cette journée, il se trompe sur un point. Quelque chose de similaire, voire de meilleur, allait se reproduire, et ce dans un avenir proche.

« C'est un excellent manager qui s'est occupé de moi avec beaucoup de gentillesse lorsque je suis arrivé. Je me souviens que nous avons eu une réunion pendant laquelle il m'a expliqué le fonctionnement de l'équipe. J'ai marqué beaucoup de buts lors de ma deuxième saison. La victoire 5-0 à Old Trafford a été l'un des moments les plus forts et le patron mérite d'être félicité pour la façon dont il nous a préparés pour ce match. Dès l'entame, nous étions prêts à dévorer les espaces. Tout s'est fait naturellement, et les deux buts pendant le premier quart d'heure nous ont vraiment aidés. Il nous a demandé de continuer d'attaquer. Nous aurions pu marquer plus que les cinq buts que nous avons inscrits. Je considère cette première période comme une des meilleures que nous ayons jouées sous sa direction. »

**DIOGO JOTA,**
LIVERPOOL FC, 2020-PRÉSENT

# EUROSTARS

**AC Milan - Liverpool | Phase de groupe de la Ligue des champions, 7 décembre 2021**

Bien qu'il y ait eu des matchs plus importants entre ces deux géants européens, la visite de Liverpool à San Siro au début du mois de décembre 2021 n'est pas dénuée d'intérêt. Elle offre à Jürgen Klopp et son équipe l'occasion de réaffirmer leur statut de force vive du continent.

Après avoir quitté la Ligue des champions en quart de finale contre le Real Madrid la saison précédente, Klopp prépare le rachat de Liverpool afin de laisser une trace indélébile dans la compétition.

Mais sa première tâche est de les guider à travers le champ de mines que peut représenter la phase de groupes. Par le passé, la qualification s'est parfois jouée à d'infimes détails et d'autres fois n'a été qu'une simple formalité. Cette saison appartient à cette dernière catégorie.

Avec deux autres anciens champions d'Europe, Milan et Porto, et une solide équipe de l'Atlético de Madrid deux fois finaliste au cours des huit années précédentes – et qui a éliminé Liverpool en huitièmes de finale deux ans plus tôt – ce groupe est pourtant l'archétype du « groupe de la mort ».

Klopp reconnaît avoir ri jaune en apprenant le tirage, mais il fait contre mauvaise fortune bon cœur et affiche une confiance qui suggère que son équipe n'a rien

**Ci-dessous :** Mo Salah buteur à San Siro.

« Partout où il va, on a l'impression que c'est son club, que c'est le mariage parfait et que tout le monde va s'adorer. Revenir au score, se surpasser, dans la position du chasseur, de l'outsider, c'est là que Jürgen est le meilleur. Il a fait de Liverpool son club, son équipe et même ses fans. C'est ce qu'il réussit à faire. Vous jouerez toujours contre son aura, contre l'énergie qu'il transmet à ses équipes. Vous serez toujours confronté à un onze qui est sur la brèche dès la première seconde et qui ne s'arrêtera pas tant qu'il ne sera pas sous la douche. C'est tellement difficile mais tellement agréable de jouer contre lui parce que cela fait ressortir le meilleur de vous-même. Ce fut toujours un plaisir. Le respect que nous avons l'un pour l'autre s'est beaucoup développé. »

**THOMAS TUCHEL,**
MANAGER DE CHELSEA, 2021-2022

**Ci-dessus à gauche :** Nat Phillips face à Zlatan Ibrahimovic.

**Ci-dessus à droite :** Sadio Mané dans ses œuvres lors de la victoire 2-1 en Italie.

**Ci-contre :** Kostas Tsimikas est le premier sur le ballon.

à craindre. « C'est la Ligue des champions, c'est comme ça. Il faut affronter les meilleures équipes d'Europe. Et il se trouve que certaines d'entre elles sont dans notre groupe. »

Les inquiétudes des supporters se dissipent rapidement. Les Reds font mentir les pronostics des journalistes qui annonçaient qu'ils seraient en difficulté dans ce groupe. La première victoire à domicile contre Milan est suivie par deux victoires impressionnantes au Portugal et en Espagne. Les deux autres rencontres à Anfield se solderont elles aussi par des victoires.

Cinq succès consécutifs garantissent la qualification et la première place du groupe. Le dernier match en Italie n'a donc aucune importance, mais pour Jürgen Klopp et ses joueurs, il s'agit de marquer les esprits. Aucun club anglais n'a réussi à remporter les six matchs de la phase de poule de la Ligue des champions, et le manager allemand est déterminé à ce que Liverpool soit le premier.

Les changements sont inévitables, mais l'équipe alignée est plus forte que prévu. « Nous voulons aligner le meilleur onze possible dans le contexte actuel, mais nous voulons gagner le match. » Le Milan n'étant toujours pas assuré de sa qualification, la tâche ne s'annonce pas facile. Les Italiens ouvrent le score juste avant la demi-heure de jeu. Mo Salah permet ensuite à Liverpool d'égaliser et, en début de seconde période, Divock Origi porte le score à 2-1.

Liverpool termine la phase de poule avec onze points d'avance sur l'Atlético, deuxième, clôturant cette première phase avec un bilan de 100 % de victoires et un manager ivre de fierté. « Je ne pouvais pas être plus fier de ce que les garçons ont fait. C'était un match incroyable, la performance a été exceptionnelle et je suis très heureux, surtout après ce sixième match. »

Une nouvelle aventure européenne sous la houlette de Jürgen Klopp se prépare et elle débute avec l'écriture d'une nouvelle page d'histoire.

LFC
standard chartered
21
NIKE
25

# EN PLEIN DANS LE MILLE

**Liverpool - Chelsea | Finale de la Coupe de la Ligue, 27 février 2022**

Comme Jürgen Klopp l'expliquera plus tard, on ne supporte pas Liverpool pour la gloire et le résultat, mais pour le voyage et les émotions. À l'approche de la fin de la saison 2021-2022, le périple s'annonce une fois de plus exaltant. Son équipe est en lice dans quatre compétitions et peut donc encore remporter quatre trophées. Le premier arrêt est en territoire connu.

Le stade de Wembley est inextricablement lié à certains des plus grands moments du club. Les Reds s'y rendent si régulièrement qu'on l'a surnommé « Anfield South », le « Anfield du Sud ». Fin février 2022, ils y retournent par milliers pour voir si Klopp peut obtenir sa première victoire dans ce lieu emblématique.

Après une rare campagne sans trophée la saison précédente, le manager est impatient de renouer avec la victoire. « Nous savons tous qu'aujourd'hui, les supporters aiment cette équipe. Mais dans vingt ans, si nous ne gagnons plus rien, les gens diront : "Oui, c'était une bonne équipe, mais elle aurait dû gagner plus de trophées." Nous devons donc essayer de remporter d'autres titres. »

C'est au même endroit et dans la même compétition, six ans plus tôt, que Klopp a connu la première grosse déception de son parcours à Liverpool, mais il a fait beaucoup de chemin depuis. Atteindre une finale de coupe n'est plus une nouveauté.

Le Chelsea de Thomas Tuchel les attend sous l'arche de Wembley. C'est une équipe contre laquelle ils ont fait match nul à deux reprises en championnat. Pour préparer la finale, le manager et son staff ont visionné ces deux matchs et en sont ressortis encouragés par ce qu'ils ont vu, le manager déclarant en privé : « Le message le plus important est que nous pouvons encore nous améliorer. »

Comme d'habitude, le staff élabore un plan tactique et le met ensuite en place avec les joueurs. Mais lors de la causerie de veille de match, le manager choisit le laconisme et rappelle qu'il s'adresse à « la meilleure équipe de football du monde ». Le jour de la finale, malgré l'importance de l'événement, il ajoute : « Faites ce que nous faisons toujours. »

La rencontre est riche en rebondissements. Le combat est lancé dès le premier coup de sifflet et ne s'arrêtera jamais. Des occasions manquées, des arrêts, des poteaux et des buts refusés, la VAR annule un but de la tête de Joel Matip et l'arbitre trois de Chelsea. Le rythme est effréné, l'intensité diminue rarement.

C'est invraisemblable, mais après cent vingt minutes de lutte, le match prend fin sur un score nul et vierge. « On aurait dit deux lions se rendant coup pour coup. C'était de la folie et au final tous les joueurs sur le terrain était manifestement très

fatigués », souffle Klopp. Vu les efforts faits par les deux formations, l'exercice des tirs au but paraît une méthode brutale pour décider du destin du trophée. Mais personne ne pensait que le vainqueur se ferait attendre aussi longtemps !

Heureusement, Liverpool se prépare à une telle issue depuis que Klopp a invité la société allemande de neurosciences neuro11 à un camp d'entraînement estival du club. L'idée était d'analyser l'activité cérébrale pendant les exercices d'entraînement afin d'aider les joueurs à se préparer mentalement aux situations de coups de pied arrêtés, comme les tirs aux but. Le manager décrit ce projet comme un « nouveau chapitre très intéressant pour nous » et son impact est sur le point d'être mis à l'épreuve.

Milner, Fabinho, Van Dijk, Alexander-Arnold et Salah réussissent les cinq premiers tirs au but de Liverpool, mais Chelsea aussi. Il faut donc passer à la « mort subite ». Jota, Origi, Robertson, Elliott et Konate marquent tous à leur tour, mais là encore imités par les joueurs de Chelsea.

Le gardien Caoimhin Kelleher est le dernier tireur. Klopp avait affirmé que Kelleher, qui avait gardé les buts lors de tous les tours précédents, conserverait sa place pour la finale et il a tenu parole. « Même dans le football professionnel, il doit y avoir de la place pour les sentiments. Kelleher est un jeune garçon qui participe à toutes les compétitions. Je suis un manager professionnel, mais aussi un être humain, et c'est l'être humain qui a gagné. Il le mérite. »

La confiance de Klopp est récompensée avec une performance d'homme du match de la part du jeune Irlandais, mais le moment le plus important reste à venir. « Pour moi, Alisson Becker est le meilleur gardien du monde et, en toute honnêteté, Caoimhin Kelleher est le meilleur numéro 2 du monde, surtout pour notre style de jeu. Il a fait un match incroyable. »

Attaquant dans sa jeunesse, Kelleher prouve qu'il n'a pas perdu son sens du but en transformant le tir décisif qui place les Reds en position de remporter la coupe de la Ligue.

**Ci-dessus à gauche :** Joel Matip marque de la tête, mais son but est refusé par la VAR.

**Ci-dessus à droite :** James Milner se prépare pour le premier tir au but de la séance.

« C'est le seul manager que j'ai connu ici et c'est évidemment lui qui m'a donné ma chance, ainsi qu'à un certain nombre d'autres jeunes du centre de formation. Klopp est un entraîneur brillant. Il nous a tous aidés à progresser et nous a donné la confiance qui nous a permis de grandir. Avant match, il me donne toujours des conseils simples. Il sait que j'ai ma routine pour préparer un match et que je n'aime pas en dévier. Avant la finale de la Coupe de la Ligue en 2022, là encore, il m'a juste expliqué ce qu'il attendait de moi dans le jeu et il m'a fait confiance. Il savait que j'allais adapter mon jeu aux consignes qu'il m'avait données et tout cela m'a permis de vivre un grand moment de ma carrière. »

**CAOIMHIN KELLEHER,**
LIVERPOOL FC, 2019-PRÉSENT

Après ce onzième tir au but réussi, les rôles sont inversés et c'est au tour de Kelleher d'essayer d'arrêter le tir de son homologue Kepa Arrizabalaga, entré en jeu à la dernière minute de la prolongation en raison de sa réputation de spécialiste en penalty. Une réputation qu'il ne justifiera pas. Son tir s'envole au-dessus de la barre. La séance de tirs au but s'achève sur un score de 11-10 en faveur de Liverpool.

« C'est la plus spectaculaire séance de tirs au but que j'aie jamais vue. C'est absolument génial de la remporter de cette manière. Ce que j'aime le plus, c'est que toute l'équipe a pris part à ce voyage », sourit Klopp.

Liverpool remporte une nouvelle finale à Wembley et les célébrations en disent long sur sa signification. Il s'agit du premier succès du club dans une coupe nationale depuis dix ans et de sa neuvième victoire en finale de la Coupe de la Ligue. Cela fait de Liverpool le club le plus titré de l'histoire de la compétition. Pour Jürgen Klopp, c'est le retour sur le chemin de la victoire, et une nouvelle étape importante de ce voyage auquel il fait constamment référence cette saison.

« L'expression "chasseur de gloire" décrit parfaitement certains individus qui sont attirés par certains clubs », commente l'Allemand. « Mais avec Liverpool, c'est différent. Ce n'est pas une chasse à la gloire, mais une soif d'aventure. S'il s'agit d'un voyage, nous sommes sur la bonne voie. »

**Ci-dessus à gauche :** Le gardien de but Caoimhin Kelleher transforme l'ultime tir au but (11-10 !)

**Ci-dessus à droite :** Le héros de Wembley brandit la coupe.

# *I'M SO GLAD*

**Liverpool - Manchester City | Demi-finale de la FA Cup, 16 avril 2022**

Jürgen Klopp répugne à l'évoquer, mais la quête d'un quadruplé historique revient de plus en plus dans les conversations. Si les Reds franchissent l'écueil considéré le plus dangereux de cette fin de saison, il sait que la pression va s'intensifier.

Liverpool, qui a déjà remporté la Coupe de la Ligue, est la seule équipe à pouvoir devenir la première à remporter tous les trophées majeurs au cours d'une même saison. Ils viennent de valider leur ticket dans le dernier carré de la Ligue des champions. En Premier League, le club est deuxième, engagé dans une lutte passionnante avec son adversaire en demi-finale de la Cup, Manchester City. Une semaine plus tôt, ils ont fait match nul 2-2 au terme d'une rencontre absolument palpitante à l'Etihad. Les deux équipes ne sont séparées que par un seul point au classement.

Les deux meilleures équipes du pays, de l'avis de tous, s'affrontent à Wembley pour une place dans le match phare du football anglais. Ce match aurait mérité d'être une finale et il a répondu à toutes les attentes suscitées pendant les jours qui ont précédés la rencontre.

City est favori mais Klopp, bien que respectant l'adversaire, n'est pas inquiet. « Nous respectons beaucoup City. Il est très difficile de les battre. Mais parce que nous avons ces garçons dans notre vestiaire, nous avons une chance. »

Pour presque tout le monde au club, lui y compris, disputer une demi-finale de Cup est une expérience nouvelle. Le matin du match, Klopp s'adresse à ses joueurs : « Rendez ce match spécial en étant normaux. Nous sommes généralement très en jambe contre eux. »

**En bas à gauche :** Jürgen écoute le nouveau chant des supporters.

**En bas à droite :** Andy Robertson tire le corner qui permet à Ibrahima Konaté d'ouvrir le score.

Au vu de l'entame de match de Liverpool, l'expression « très en jambe » relève de l'euphémisme. Sous le soleil brûlant de Wembley, City cède sous la pression intense exercée par les Reds qui balayent sans pitié leurs adversaires tout au long des quarante-cinq minutes qu'ils ont dominées de la tête et des épaules.

Ibrahima Konaté inscrit le premier but de la tête après seulement neuf minutes avant le doublé de Sadio Mané, l'homme du match. Le score est de 3-0 à la pause. « La première mi-temps a été l'une des meilleures que nous ayons jamais jouées », s'enthousiasme Klopp. « Nous avons fait tout ce qu'il fallait. Nous avons marqué au bon moment. Nous avons été exceptionnels. J'ai adoré chaque seconde de ce match. »

Dans le public de Wembley, pendant toute la mi-temps, des Liverpuldiens en liesse chantent. Sur l'air du classique des Beatles *I Feel Fine*, ils entonnent le chant qui est en passe de devenir la nouvelle bande-son de la saison de Liverpool.

La plupart d'entre eux étaient encore en train de chanter en bas lorsque City marque immédiatement après la reprise. Les Skyblues réduisent à nouveau l'écart dans les arrêts de jeu. Les nerfs sont à vif, mais il est trop tard et Liverpool remporte une victoire méritée.

« Absolument fier, incroyable », tonne Klopp. « Je pense que City savait avant le match que ce serait difficile contre nous. C'est ce qui s'est passé la plupart du temps dans nos confrontations. Mais nous avons battu l'équipe la plus forte du monde et c'est un moment très spécial. »

Klopp répète qu'il ne croit toujours pas au quadruplé, mais après cette performance, une chose est sûre : les supporters de Liverpool sont encore plus heureux que Jürgen soit un Red.

**Ci-dessus :** Deux buts en première période pour l'homme du match, Sadio Mané.

**Page suivante :** Le défenseur central Ibrahima Konaté, buteur la neuvième minute.

Emirates FA CUP

« Il a beaucoup fait pour moi. Tout d'abord, en me faisant signer dans ce club magique et ensuite en m'aidant à devenir le joueur que je suis aujourd'hui. A mon arrivée, j'avais 22 ans. Signer à Liverpool à un si jeune âge était un rêve devenu réalité. Chaque jour passé à travailler avec Jürgen Klopp m'a aidé à devenir un meilleur joueur, même si parfois il a dû me botter le cul ! La demi-finale de la Coupe d'Angleterre, à Wembley a été l'un des matchs les plus mémorables de ma première saison. J'ai marqué un but peu de temps après le coup d'envoi. Sur un coup de pied arrêté que le boss et son staff nous avaient fait travailler à l'entraînement. C'était incroyable de marquer dans un match aussi important. J'étais très heureux, d'autant plus que ce but a été le premier d'une victoire éclatante. »

**IBRAHIMA KONATE,**
LIVERPOOL FC, 2021-PRÉSENT

# COULER LE SOUS-MARIN JAUNE

**Villarreal - Liverpool | Demi-finale retour de la Ligue des champions, 3 mai 2022**

Le Liverpool de Jürgen Klopp ne s'est jamais laissé aller à la facilité. Ce qui aurait dû être un passage aisé vers sa troisième finale de Ligue des champions en cinq ans en est l'illustration. Les Reds se rendent sur la côte est de l'Espagne avec une avance de 2-0 à l'aller, mais ils manquent de tout gâcher.

Alors que l'on parle de plus en plus du quadruplé et du fait qu'une série de matchs trépidants se profile à l'horizon, le plus dur semble avoir été réalisé à Anfield. Cela fait de ce match l'une des rencontres les moins intenses qui restent à disputer. Mais Villarreal ayant éliminé la Juventus et le Bayern Munich lors des tours précédents, cela ne peut pas être facile.

Le manager invite ses joueurs à traiter ce match comme si le score était toujours nul et vierge. « Avant le match, j'ai dit aux garçons que j'aimerais lire le titre "Des

monstres au mental d'acier étaient de sortie", parce que je voulais que nous soyons l'équipe qui attaque et pas celle qui défend », explique-t-il.

Dans la chaude et compacte ambiance d'El Madrigal, l'équipe de Klopp se lève du pied gauche. Au cours d'une première période catastrophique, les espoirs de Liverpool de se qualifier pour la finale semblent menacés par la pluie incessante qui est tombée tout au long de la journée. En l'espace de trois minutes, le déficit a été réduit de moitié, avant d'être complètement effacé à la pause. Liverpool est presque reconnaissant d'atteindre la mi-temps sur un score cumulé de parité.

Il a fallu l'entrée en jeu inspirée de Luis Diaz, quelques ajustements tactiques et quelques paroles avisées du manager pour mettre fin au gâchis. « Le monde entier pense maintenant que le match va basculer dans un sens. Nous sommes les seuls à pouvoir changer cela. Ne soyez pas frustrés. Il est temps de montrer que nous gagnerons le droit de jouer la finale », indique Klopp à son équipe.

Les monstres au mental d'acier, expression lancée pour la première fois par le boss lors de la saison 2018-2019, sont sur le point de montrer leur courage.

**Ci-contre :** Alisson Becker, gardien numéro 1 de Liverpool, lors de la demi-finale retour de la Ligue des champions.

**Ci-dessus :** Jürgen prodigue quelques conseils tactiques à Virgil van Dijk contre Villarreal.

La deuxième mi-temps est marquée par une nette amélioration. Fabinho redonne l'avantage aux siens peu après l'heure de jeu.

Une minute après avoir touché le poteau, Diaz marque d'une tête au second poteau pour porter le score à 2-2 et soulager les nerfs des fans, avant que la vitesse de Sadio Mané lui permette d'éliminer le gardien et de marquer dans le but vide, scellant ainsi la qualification de Liverpool pour la finale de la Ligue des champions.

« C'est exceptionnel. Nous nous sommes rendu la tâche difficile. Nous savions que ce genre de choses pouvait arriver. Dans la vie, il s'agit toujours de savoir comment on réagit quand les choses ne se passent pas comme on le souhaite. Il est très difficile d'atteindre trois finales (en une saison), et c'est probablement la raison pour laquelle personne ne l'a fait jusqu'à présent, mais nous y sommes parvenus. C'est énorme. »

En qualifiant Liverpool pour sa troisième finale de la Ligue des champions, Jürgen Klopp imite le grand Bob Paisley. Il s'agira de sa quatrième participation à la finale, un exploit que seuls Marcello Lippi, Sir Alex Ferguson et Carlo Ancelotti ont accompli. Une compagnie princière, au sein de laquelle il ne ressemble pas à un étranger.

**Ci-dessous :** L'entrée en jeu de Luis Diaz permet d'inverser la tendance.

« Mon entrée contre Villarreal en Ligue des champions était très importante pour moi, parce que nous étions menés au score. Je devais prouver au manager qu'il avait raison de me faire confiance. Il m'a dit de rentrer sur le terrain et de faire ce que je savais faire de mieux. Nous nous battions pour rester dans la compétition et atteindre la finale. C'était donc vraiment sympa de rentrer et d'aider l'équipe à renverser le résultat. Je lui serai toujours reconnaissant de m'avoir permis de jouer au football dans la joie et le bonheur. Tant que nous respections également les plans de jeu et les consignes tactiques, c'était le message qu'il adressait à tous les joueurs et pour moi, c'était très important. De mon premier jour à celui de son départ, jouer pour lui dans ce grand club a été une expérience incroyable. »

**LUIS DIAZ,**
LIVERPOOL FC, 2022-PRÉSENT

# LES SORCIERS DE WEMBLEY

**Liverpool - Chelsea | Finale de la FA Cup, 14 mai 2022**

Jusqu'en 2022, les relations entre Jürgen Klopp et la Football Association Challenge Cup n'étaient pas au beau fixe. Entre les accusations de manque de respect pour la plus ancienne et la plus prestigieuse des compétitions à élimination directe en alignant soi-disant des équipes diminuées et le fait que son équipe n'ait dépassé le quatrième tour qu'une seule fois en six saisons, la Cup a été une source d'irritation et de frustration.

S'il est indéniable que le bilan de Klopp en Cup depuis son arrivée à Liverpool n'est pas à la hauteur de ce qu'il a réalisé dans d'autres compétitions, ce n'est certainement pas faute d'avoir essayé et le manager est parfaitement conscient de ce que cela signifierait pour son club de soulever un trophée qu'il n'a pas remporté depuis 2006.

« Les gens ont toujours dit que je n'étais pas le plus grand fan des coupes nationales – ce n'est pas vrai, cela n'a jamais été le cas », se défend Klopp. « L'aventure a commencé [comme dans les autres compétitions], mais elle s'est terminée trop tôt à chaque fois. »

Grâce à une plus grande profondeur de banc que jamais et des tirages plutôt favorables lors des premiers tours, tout a semblé s'enclencher. Liverpool a éliminé Shrewsbury Town, Cardiff City, Norwich City et Nottingham Forest pour atteindre cette fameuse victoire en demi-finale contre Manchester City. « Cette année, c'est différent », reconnaît Klopp. « C'est vraiment particulier, c'est un grand moment pour nous. »

Leur parcours réussi en Coupe d'Angleterre est allé de pair avec l'élan qui leur a permis de surmonter les difficultés rencontrées sur d'autres fronts. Ils prennent la direction du sud pour participer à l'événement phare du football anglais et espèrent bien remporter la victoire. À Wembley, c'est un adversaire familier, Chelsea, qui les attend, bien décidé à se venger de leur défaite en finale de la Coupe de la Ligue plus tôt dans la saison et à mettre un terme à la quête de quadruplé de Liverpool.

Même s'il s'agit de la saison la plus dense qu'il n'a jamais connue (cette finale est le soixantième match de son équipe !), Klopp assure que ce rythme effréné le satisfait. « C'est un pur bonheur de faire partie de ce club en ce moment. Nous sortons d'une saison où personne, à part moi, ne pensait que nous pourrions retrouver le niveau qui est le nôtre cette année. Il y a beaucoup à gagner dans les jours à venir. »

Là, avec deux matchs de Premier League et une finale de Ligue des champions à l'horizon, on pourrait pardonner à Klopp de donner la priorité à ces rencontres, mais il est catégorique : « Nous traitons toutes les compétitions avec la même importance.

Jusqu'à présent, c'est la première fois qu'une équipe se bat pour le titre et a participé à trois finales. Nous entrons dans la phase décisive. C'est très difficile et très intense, mais ce n'est pas un problème. C'est bien d'être ici, mais il manque encore la cerise sur le gâteau et nous y travaillons en ce moment. »

**Ci-dessus :** Wembley, finale de la Cup 2022 entre Liverpool et Chelsea.

La Cup est, bien sûr, le seul trophée national qui manque à son palmarès : « C'est notre première [finale de la Cup] et nous sommes un autre type d'équipe que celui que nous étions dans le passé. Ces garçons sont maintenant prêts à aller chercher les plus grands trophées et la Cup est l'un des plus prestigieux. Nous allons donc essayer de donner le meilleur de nous-mêmes et de ramener la coupe à la maison. »

Comme pour la finale de la Coupe de la Ligue, les spectateurs assistent à une rencontre tendue et serrée qui pourrait basculer d'un côté ou de l'autre. Les deux équipes se créent des occasions. Liverpool, qui a perdu Mo Salah et Virgil van Dijk sur blessure, touche deux fois les montants. Cette fois encore, aucun but n'a été marqué après cent vingt minutes. Comme en coupe de la Ligue, la séance de tirs au but départagera les deux équipes.

James Milner, Thiago Alcantara, Roberto Firmino et Trent Alexander-Arnold réussissent les quatre premiers tirs au but des Reds. Chelsea ayant manqué son deuxième coup de pied, Sadio Mané peut offrir la coupe à Liverpool, mais le gardien repousse son tir. Klopp lève les bras au ciel et admettra plus tard qu'il était en partie responsable : « Le penalty de Sadio est à 50 % de ma responsabilité. Je lui ai dit que le gardien [Édouard Mendy] le connaissait, qu'il devait tirer de l'autre côté. Ce n'est pas la première fois de ma vie que je me rends compte que j'aurais mieux fait de me taire. »

Pendant la mort subite, la balance penche en faveur de Chelsea après le tir réussi d'Hakim Ziyech, mais Diogo Jota marque et Alisson Becker repoussent la tentative de Mason Mount.

**Ci-dessus :** Le Grec Kostas Tsimikas, auteur du tir au but qui offre à Liverpool sa neuvième Coupe d'Angleterre.

**Page suivante :** Jordan Henderson soulève la Cup à Wembley.

La responsabilité de donner la victoire à son équipe incombe alors à Kostas Tsimikas. L'autoproclamé « Scouser grec », entré en jeu durant la prolongation, ne tremble pas, prend le gardien à contre-pied et déclenche de nouvelles scènes de liesse sous l'arche de Wembley.

Un brouillard de fumée rouge emplit l'air et tandis que les Reds font une nouvelle fois la fête dans les tribunes, Klopp danse et embrasse ses joueurs sur le terrain. Pour le manager, c'est un nouveau jour de gloire.

« Nous avons vu avant le match ce que cela signifiait pour les gens parce que notre hôtel est au centre-ville et qu'ils faisaient la fête depuis ce matin. Je ne peux pas être plus fier de mes garçons, du travail qu'ils ont fourni et de la façon dont ils se sont battus. Ils ont été exceptionnels. C'était un match incroyable, intense, et la séance de tirs au but a été éprouvante pour les nerfs. Je n'ai plus d'ongles, mais j'ai vraiment de la peine pour Chelsea – pour la deuxième fois, cent vingt minutes et vous n'obtenez rien, c'est dire à quel point les écarts sont faibles et c'est difficile. Mais à la fin, il ne peut y avoir qu'un seul vainqueur et c'est nous, donc je suis très heureux. C'est énorme pour nous. »

La Cup retrouve la galerie d'Anfield pour la huitième fois, la première depuis 2006, et Jürgen Klopp complète son palmarès national, devenant le premier entraîneur de l'histoire de Liverpool à remporter tous les trophées existants.

« La victoire en Cup est mon meilleur souvenir dans le football. Pour moi, c'était quelque chose d'unique et je remercie Jürgen Klopp de m'avoir offert cette chance. Il pensait que je ferais partie des premiers tireurs, mais quand il m'a demandé, j'ai dit que je voulais tirer le septième. Parce que je n'étais entré en jeu que quelques minutes auparavant. Il a compris. La nuit précédente, j'avais pensé à ce scénario et choisi de quel côté je tirerais mon tir au but. J'étais très confiant. Je me suis concentré et j'ai marqué. Après, nous n'avons pas beaucoup parlé du match, nous avons juste fait la fête ensemble. Cela a été un privilège de jouer sous les ordres du meilleur coach du monde. Il a tant fait pour ma carrière. Cela a été une sensation extraordinaire de le remercier avec ce tir au but et ce trophée à Wembley. »

**KOSTAS TSIMIKAS,**
LIVERPOOL FC, 2020-PRÉSENT

2021-22 WINNER
Emirates FA CUP
2021-22 WINNER
Emirates FA CUP
2021-22 WINNER
Emirates FA CUP

WINNER

# COIFFÉS AU POTEAU

**Liverpool - Wolverhampton Wanderers | Premier League, 22 mai 2022**

Comme le dit le vieil adage du football anglais, « c'est l'espoir qui vous tue ». Le dernier après-midi de la saison 2021-2022 de Premier League, toutes les personnes supportant le Liverpool FC découvrent dans la douleur sa véritable signification.

Après avoir soulevé la Cup à Wembley, le Liverpool de Jürgen Klopp reste dans la course au titre grâce à sa victoire à Southampton en milieu de semaine. Le destin des Reds se joue à présent à domicile, contre les Wolves, lors d'un match décisif.

Liverpool n'est plus qu'à deux matchs de remporter quatre trophées en une saison, et il devient difficile d'ignorer les questions relatives à cet exploit historique.

Mais tout le monde est conscient que pour la troisième étape de ce quadruplé potentiel, Liverpool n'a plus son destin entre ses pieds. Manchester City est en pole position, Liverpool à un point derrière. Il ne leur reste plus qu'à battre les Wolves et à espérer que l'équipe d'Aston Villa dirigée par la légende du ***kop***, Steven Gerrard, leur file un coup de main à l'Etihad.

Le manager et ses joueurs ont encouragé les supporters à croire que tout était possible. Une atmosphère de carnaval accueille les doubles vainqueurs de coupe. Un premier but des Wolves refroidit les ardeurs, mais Sadio Mané égalise. À l'approche de la mi-temps, on apprend que Villa a pris l'avantage à Manchester. En seconde période, l'ex-Red Philippe Coutinho double la mise pour Villa et Anfield vibre de plus en plus.

**Ci-dessous :** Lueur d'espoir lorsque Sadio Mané égalise.

**Ci-dessus :** Le *kop* d'Anfield. Dernier match à domicile de la saison 2021-2022.

**Page suivante :** Luis Diaz en duel avec Jonny (Wolves).

Pendant un bref instant, la lueur d'espoir scintille distinctement, avant de s'éteindre précipitamment lorsque, en l'espace de douze minutes, City réalise une remarquable remontée qui rend inutiles les buts de Mo Salah et d'Andy Robertson dans les derniers instants du match.

Si proche, et pourtant si loin. L'après-midi a été éprouvant sur le plan émotionnel. « Je n'ai pas vraiment suivi l'évolution du score à City », assure Klopp. « Il y a eu un moment où le score était de 3-2 et je ne sais pas pourquoi, mais nous pensions qu'ils [Villa] avaient encore égalisé. Avec tout ce qui s'est passé, j'aurais préféré qu'ils [City] mènent 5-0 après dix minutes, pour être honnête. »

Le quadruplé n'est plus, mais Klopp n'a pas manqué de souligner les points positifs. « Les joueurs ont réalisé une saison incroyable. Quatre-vingt-douze points, c'est fou. L'ensemble du parcours est absolument exceptionnel. La saison a été très serrée. Ce que j'ai appris dans la vie, c'est que si vous restez sur la bonne voie et que vous continuez à avancer, vous serez récompensés. Ce n'est pas le cas aujourd'hui, mais nous y parviendrons. »

Après avoir tout donné, Liverpool a été coiffé au poteau par Manchester City pour la deuxième fois en quatre ans, mais le boss a su rester magnanime dans la défaite. « Il était clair avant le match que beaucoup de choses devaient se produire [pour que Liverpool remporte le titre]. Félicitations à Man City, à Pep Guardiola et à ses joueurs. Nous étions proches, mais pas assez. »

Dans le ***kop***, on avait pu voir une banderole sur laquelle on pouvait lire « We Win Cups » (Nous gagnons des coupes). Avec deux coupes déjà remportées et, espérons-le, une troisième à venir, cette banderole rappelait, si besoin était, qu'en dépit de cette déception, le club venait de vivre une grande saison.

万博
ManBetX
LFC

« J'ai eu la chance, au cours de ma carrière, d'affronter des managers hors du commun, et Jürgen en fait évidemment partie. Il incarne ce que veulent les supporters : l'engagement physique, l'activité et un beau football. Jürgen a mis tout cela en place à Liverpool. La pression était incroyable. C'était une équipe très physique, pleine de vitesse et d'agressivité. Cela permettait au rythme du match d'être toujours très élevé et ils pouvaient vraiment faire souffrir leurs adversaires. Naturellement, il y a eu des changements au sein de l'équipe au fil du temps, mais il était essentiel de conserver ce noyau de joueurs. Jürgen a absolument tout donné au club et il a absolument tout gagné. À mes yeux, il est un des plus grands managers de Liverpool et de l'ère de la Premier League. »

**BRENDAN RODGERS,**
MANAGER DE LIVERPOOL FC, 2012-2015,
MANAGER DE LEICESTER CITY, 2019-2023

# CHAGRIN D'AMOUR À PARIS

**Liverpool - Real Madrid | Finale de la Ligue des champions, 28 mai 2022**

**Ci-dessous :** Malgré une longue période de domination, les Reds vivent une soirée parisienne frustrante.

**Ci-contre :** Jürgen console Naby Keita après la défaite de Liverpool en finale de la Ligue des champions contre le Real Madrid.

L'idée romantique était que Paris au printemps raviverait une histoire d'amour de longue date et conclurait la plus grande saison de Jürgen Klopp à la tête du club.

Cela faisait trois ans que Klopp n'avait pas posé les yeux sur le trophée qui avait conquis le cœur des Reds en 1977. S'il parvenait à le ramener à Anfield pour la septième fois, le chagrin d'avoir été rejeté devant l'autel de la Premier League serait vite oublié.

Tout voyage dans la capitale française à cette époque de l'année évoquera toujours les souvenirs réconfortants du but d'Alan « Barney Rubble » Kennedy au Parc des Princes et de Phil Thompson soulevant la troisième Coupe d'Europe dans le ciel parisien. Et, comme en 1981, le Real Madrid sera une fois de plus l'adversaire.

Les tridécuples champions d'Europe peuvent bien sûr se targuer d'avoir une relation particulière avec ce trophée, qui remonte à la création de la compétition au milieu des années 1950. Leur dernier baiser s'est fait aux dépens de Liverpool à Kiev en 2018.

Tout est prêt pour une rencontre classique de football au Stade de France, le troisième épisode d'une trilogie de finales de Coupe d'Europe qui a débuté dans cette ville il y a quatre décennies. Chaque club a remporté une finale, et les deux institutions

« Nos équipes se sont beaucoup affrontées et, bien sûr, avec le Real Madrid, j'ai de bons souvenirs de la finale de 2022. Remporter la Ligue des champions est ce qui peut vous arriver de mieux dans votre carrière. De petits détails peuvent décider de la victoire ou de la défaite. J'ai souvent affronté Liverpool dans cette compétition. La rencontre contre l'équipe de Jürgen à Paris a été difficile à cause de la pression qu'ils créaient. Il n'y a aucune équipe qui presse avec autant d'intensité. Nous devions donc éviter de laisser des espaces à leur ligne d'attaque. Nous avons gagné ce match, mais pour sa personnalité et son style de football, Jürgen était le meilleur manager possible pour Liverpool. C'est une prouesse fantastique d'avoir maintenu Liverpool au sommet pendant neuf ans tout en pratiquant un football chatoyant. C'est quelqu'un de drôle et d'honnête pour lequel j'ai beaucoup de respect en tant que manager et en tant que personne. »

**CARLO ANCELOTTI,**
MANAGER DU REAL MADRID, 2013-2015 ET 2021-PRÉSENT

**Ci-dessus :** Carlo Ancelotti, bourreau de Liverpool en finale de la Ligue des champions 2022.

ont à cœur de régler leurs comptes. « Bien sûr, nous voulons remettre les compteurs en notre faveur, mais ce n'est pas la pensée prioritaire », explique Klopp.

À quelques heures du coup d'envoi, l'excitation et la confiance sont à leur comble, mais l'ambiance se détériore soudainement lorsque le chaos qui règne aux tourniquets à l'extérieur de la partie du stade réservée à Liverpool empêche des milliers de supporters d'entrer dans le stade. Le coup d'envoi est retardé de trente-six minutes, ce qui apaise la situation.

Malgré vingt-trois tirs cadrés contre trois pour le Real Madrid, Liverpool se heurte à un gardien en grande forme. Leur meilleure occasion ? Une frappe de Sadio Mané en première période, repoussée sur le poteau. Dans ce qui est le soixante-troisième match de la saison de Liverpool, l'étincelle qui l'a porté jusqu'ici ne parvient pas à se rallumer. Les Reds sont finalement punis juste avant l'heure de jeu, par l'inévitable Vinicius Junior. La saison si prometteuse s'achève donc sur une double déception.

« Ils ont marqué un but, nous n'en avons pas marqué. C'est l'explication la plus facile dans le monde du football et c'est difficile », regrette Klopp après le match. « Dans les trente dernières minutes, nous aurions pu faire mieux. J'ai vu que nous avons fait beaucoup de bonnes choses, mais ce n'était pas suffisant, et nous l'assumons. J'ai dit aux garçons dans le vestiaire que je ne ressentais que de la fierté. Ils ont réalisé une saison exceptionnelle. Les deux compétitions que nous n'avons pas pu remporter, nous les avons perdues par la plus petite marge possible. »

Sur le terrain comme en dehors, la soirée a été extrêmement frustrante. Les grandes histoires d'amour connaissent toujours des hauts et des bas et l'expérience de Liverpool à Paris en 2022 est certainement à oublier.

# LE RETOUR DES HÉROS

**Liverpool's Homecoming Parade, 29 May 2022**

Un demi-million de personnes ne peuvent pas avoir tort. Même sans le quadruplé historique, la saison 2021-2022 de Liverpool a été jugée plus que digne d'être célébrée. Lorsque Jürgen Klopp et son équipe sont rentrés à Liverpool moins de vingt-quatre heures après avoir subi la déception de la défaite, les gens ont fait la fête comme si nous étions en 2019.

La douleur de Paris est restée vive, tout comme le souvenir d'avoir manqué de peu le titre de champion d'Angleterre une semaine auparavant, mais cette parade s'est avérée être l'antidote parfait, décrit à l'époque comme « comme un gros câlin des Scousers ».

Liverpool a beau avoir remporté la Coupe de la Ligue et la Coupe d'Angleterre, de nombreuses réserves sont exprimées quant à l'opportunité de procéder à la parade et à la manière dont elle serait accueillie. Certains joueurs craignent sincèrement que cette célébration soit mal perçue par les fans, mais ils n'ont pas à s'inquiéter.

Les scènes qui accueillent les doubles vainqueurs de Coupe ont visiblement laissé Klopp bouche bée. « Il faut prévoir ce genre de choses et nous espérions avoir ce type d'accueil, quelque chose d'incroyable. Oui, nous avons perdu les deux derniers trophées, mais ces supporters n'oublient pas. Ils savent exactement quel effort les garçons ont fourni. »

Calvin Harris, DJ de renommée mondiale et supporter de Liverpool, contribue à faire monter l'ambiance. De sa position sur les platines à l'arrière du bus, il propose la bande-son parfaite pour ces quatre heures inoubliables. Il diffuse notamment l'hymne officieux du club, *One Kiss*, et fait vibrer le bus dans toute la ville.

**Ci-dessous à gauche :** Le DJ Calvin Harris, lors de la parade.

**Ci-dessous à droite :** Accueil incroyable pour les finalistes malheureux de la Ligue des champions.

« L'une des principales caractéristiques d'une équipe de Klopp est l'intensité avec laquelle elle joue, et son Liverpool était l'un des meilleurs dans ce domaine. Je me souviens que lorsque j'étais entraîneur de Liverpool, nous avons affronté son équipe de Mayence lors d'un match amical de pré-saison et ce qui m'a tout de suite frappé, c'est l'intensité de leur jeu. Il a poursuivi dans cette voie tout au long de sa carrière et lui a fait atteindre un autre niveau à Anfield. Lorsqu'il est devenu entraîneur, j'ai su que c'était une bonne décision parce qu'il ne faisait aucun doute que quelqu'un avec cette personnalité s'entendrait à merveille avec les supporters et les habitants de cette ville. Avec la passion qui l'anime, il n'est pas surprenant que les supporters l'aiment et le respectent. Il a bâti son équipe en la renforçant, petite touche par petite touche pour la rendre compétitive et victorieuse régulièrement. Remporter n'importe quel trophée en tant que manager est toujours quelque chose d'incroyable, mais en gagner autant, c'est exceptionnel. »

**RAFAEL BENITEZ,**
MANAGER DU LIVERPOOL FC, 2004-2010

**Ci-dessus :** Jürgen et son assistant Pep Lijnders avec les deux trophées remportés en 2022.

Tout au long du parcours, les images rappellent ce que Klopp et les joueurs ont vécu trois ans plus tôt, lorsqu'ils étaient rentrés au pays avec le titre de champion d'Europe. Environ cinq cent mille personnes sont massées dans les rues et tous les meilleurs emplacement occupés, certains de manière plus périlleuse que d'autres. À perte de vue, la ville semble à nouveau recouverte d'un immense voile rouge.

« Quand vous croisez le regard des supporters, c'est vraiment incroyable », s'enthousiasme le manager. « Vous n'avez pas besoin de gagner, il vous suffit de donner tout ce que vous avez pour que les supporters de Liverpool vous aiment. Je suis fier de ces joueurs, mais je suis tout aussi fier de nos supporters. Voir les supporters venir assister à cette parade alors que nous avons perdu la finale de la Ligue des champions la veille, c'est absolument exceptionnel. C'est le meilleur club du monde. Je me fiche de ce que les gens pensent. Je ne suis pas ivre, juste ému. »

Après un marathon de soixante-trois matchs, un *mano a mano* palpitant en Premier League, trois finales de coupe et deux trophées, il est enfin temps pour tout le monde de respirer un peu. Pour les monstres au mental d'acier de Jürgen Klopp, en quête d'aventure, une nouvelle saison remarquable s'achève, et leurs efforts n'ont pas été ignorés.

# LE BOSS (2)

**Jürgen Klopp nommé Manager de l'année 2021-2022**

Sur la scène de l'hôtel Grosvenor House à Londres, Jürgen Klopp, habituellement très sûr de lui, est sorti pour une fois de sa zone de confort. Revêtu, une fois n'est pas coutume, d'un costume, d'une chemise et d'une cravate noirs qu'il a probablement achetés un peu plus tôt dans la journée, il voit tous les regards braqués sur lui.

Quelques instants plus tôt, un Sir Alex Ferguson souriant, les dents serrées mais ironique à souhait, a lâché sur le ton de la plaisanterie : « C'est l'agonie » en annonçant que Klopp avait été élu manager de l'année par l'Association des managers de la Ligue 2022. Ayant déjà été élu manager de l'année de la Premier League lors de la même cérémonie, Klopp a une double raison de se réjouir.

Contrairement à ce qui s'était passé en 2020, où, à cause des restrictions imposées par le Covid, les trophées avaient été remis sans cérémonie, derrière les grilles fermées du terrain d'entraînement de Liverpool à Melwood, cette fois-ci, Klopp est invité à assister en personne à la cérémonie et doit donc prononcer un discours de remerciement.

Jürgen Klopp n'a normalement aucune difficulté à prendre la parole en public, même lors de grands événements, mais là il doit parler de lui, d'où le léger sentiment de malaise. Tenant l'une de ses récompenses, il remercie ceux qui ont voté pour lui et retrace brièvement les neuf mois écoulés.

« Le fait d'être élu par mes pairs est évidemment le prix le plus important que l'on puisse recevoir », déclare le boss des Reds. « C'est un grand honneur et nous avons vécu une saison folle. Ce n'était pas le meilleur résultat pour nous, mais nous avons déjà tourné la page. »

Klopp pointe ensuite du doigt le coin où tout le staff est assis – il avait insisté pour que tous ses adjoints soient présents dans la capitale – et partage l'honneur avec eux. « Lorsque vous gagnez un trophée comme celui-ci, soit vous êtes un génie, soit vous avez le meilleur staff du monde – et je suis ici avec tous mes adjoints, ils savent à quel point je les apprécie. Je ne crois pas aux prix individuels dans le football en général. C'est un sport d'équipe et je ne serais rien sans eux. Ce qui compte, c'est ce que nous pouvons faire ensemble et ce que nous avons fait ensemble. »

De retour sur le terrain d'entraînement le lendemain matin, il réunit tous les joueurs pour leur exprimer sa gratitude : « Merci d'avoir fait croire au monde que nous sommes de bons coachs. »

Ces deux trophées prestigieux sont une reconnaissance méritée pour le rôle énorme que Jürgen Klopp a joué en amenant Liverpool à un point du titre de Premier League, à une place en finale de la Ligue des champions et à des succès en Coupe de la Ligue et en Coupe d'Angleterre.

Bien que trop modeste pour l'admettre, c'est une preuve supplémentaire, s'il en était besoin, qu'avec Jürgen Klopp, le Liverpool FC a l'un des meilleurs managers du monde.

**Page suivante :** Jürgen discute avec Tom Werner, John W. Henry et Mike Gordon lors de la tournée américaine de pré-saison.

JK
LFC

« Liverpool est un club imprégné de l'héritage de managers légendaires. Jürgen n'a fait qu'honorer cet héritage ; il a établi une nouvelle référence pour ses successeurs. L'histoire a insufflé au club un esprit de compétitivité sans faille, et cela sera marqué par le nombre incalculable de trophées que le club a glanés depuis 2015. J'ai le privilège de compter Jürgen parmi mes amis proches, et bien que le football soit au centre de mes préoccupations, sa chaleur non feinte, son caractère vif et son esprit d'équipe, ainsi que son humilité, m'ont particulièrement marqué. Je l'admire également pour sa compréhension de l'importance des grandes valeurs de la vie. Ses réalisations ont en effet dépassé nos attentes les plus ambitieuses ! »

**TOM WERNER**,
PRÉSIDENT DE FENWAY SPORTS GROUP ET DU LIVERPOOL FC

L.F.C.
AXA

# LA DERNIÈRE DANSE

2022-2024

« Les projecteurs étaient braqués sur moi à mon arrivée à Liverpool, mais le manager ne m'a mis aucune pression. C'était formidable. C'était difficile à cause de la barrière de la langue, mais il m'a accordé sa confiance et m'a dit de jouer avec mes points forts. Il m'a demandé de jouer comme je l'avais fait en Ligue des champions contre Liverpool, sous le maillot de Benfica, mais d'essayer de conserver mon calme. Lors de l'un de mes premiers matchs, mon but nous a permis de remporter le Community Shield. Remporter un trophée procure toujours un sentiment agréable. Je me souviendrai toujours de celui-ci. Pendant mes deux années sous ses ordres, il m'a beaucoup aidé à grandir en tant que joueur et en tant que personne. Il m'a appris beaucoup de choses et cela me servira pendant le reste de ma carrière. »

**DARWIN NUNEZ,**
LIVERPOOL FC, 2022-PRÉSENT

# *VICTORY SHIELD*

**Liverpool - Manchester City | Community Shield, 30 juillet 2022**

Le lever de rideau de la saison de football anglais a toujours eu ses détracteurs depuis sa première édition en 1908. L'importance qui doit lui être accordé fait chaque année l'objet de débats et la qualification pour cette rencontre importe plus que la victoire.

En tant que détenteur de la Cup, Liverpool a gagné le droit de disputer le Community Shield contre les lauréats de la Premier League, Manchester City. En raison de l'identité de l'adversaire, cette année, le Community Shield a peut-être été abordé de manière plus compétitive qu'à l'accoutumée.

Il s'agit d'une dernière occasion de se préparer pour la nouvelle saison, mais aussi d'une première chance de remporter un trophée et de poser des jalons pour les mois à venir.

Les deux dernières apparitions du Liverpool de Klopp dans cette rencontre se sont soldées par une défaite aux tirs au but à Wembley, la première contre City en 2019, la deuxième contre Arsenal un an plus tard.

« Il n'y a pas de meilleure façon de commencer que Liverpool contre Manchester City. C'est un match qui est toujours incroyablement intense et d'un niveau particulièrement élevé. Aujourd'hui, il s'agit de profiter de ce que nous avons accompli la saison dernière, et de poursuivre nos préparatifs pour la nouvelle saison. Il s'agit

**Ci-dessus :** Premiers pas du Liverpool 2.0 au Community Shield.

**Ci-dessus :** Darwin Nunez scelle la victoire de Liverpool (3-1).

**Ci-contre :** Premier match et premier trophée pour la recrue estivale.

également d'essayer de remporter un trophée que Liverpool n'a pas gagné depuis plusieurs années. »

Avec un certain nombre de départs importants pendant l'été, dont ceux des héros adulés Sadio Mané et Divock Origi, Klopp entame un processus de reconstruction graduelle. Du côté des arrivées, le recrutement le plus médiatisé est celui de l'avant-centre Darwin Nunez. L'Uruguayen a rejoint le club pour un montant record en provenance de Benfica et, bien qu'il débute sur le banc au Leicester City Stadium, il a joué un rôle important.

Trent Alexander-Arnold donne à Liverpool une avance méritée à la mi-temps, mais City égalise en milieu de seconde période. Nunez entre en jeu et ne tarde pas à montrer son influence. À sept minutes de la fin, sa tête est détournée sur la ligne par la main de Ruben Dias : pénalty, transformé par Mo Salah. Dans le temps additionnel, l'Uruguayen inscrit un troisième but qui offre un premier Community Shield à Liverpool depuis 2006.

« Ce but est évidemment la cerise sur le gâteau, je suis donc très heureux pour lui », apprécie le manager. « On peut lire sur son visage, sur celui de tous ses coéquipiers, à quel point les garçons sont heureux pour lui, et c'est un très bon signe. Pour moi, c'était vraiment un beau spectacle, surtout avec la victoire à la clé. Quand on le gagne, le Community Shield est un trophée très important. Si on le perd, on l'oublie vite. »

Pour Klopp, il s'agit d'une expérience de présaison très précieuse.

2022 WINNER
L.F.C.
27

# APRÈS-MIDI DE RÊVE À ANFIELD

**Liverpool - Bournemouth | Premier League, 27 août 2022**

**En bas à gauche :** Luis Diaz inscrit le premier but du match à la troisième minute. Le festival est lancé…

**Ci-dessous à droite :** Fabio Carvalho marque son premier but pour Liverpool (8-0 !)

Lorsque le soleil brille et que votre équipe marque but sur but, le football est vraiment le plus beau sport du monde. Pendant cette journée historique, le Liverpool de Jürgen Klopp montre son meilleur visage.

Avec deux nuls et une défaite lors de ses trois premiers matchs de Premier League en 2022-2023, le début de saison de Liverpool est loin d'être flamboyant et très loin des précédents ce qui vaut au club des critiques exagérées de la part des médias.

Klopp balaie cela d'un revers de la main et parle de « faux départ ». Les incroyables allégations de crise sont rapidement démenties de la manière la plus catégorique et c'est Bournemouth qui en fait les frais.

L'équarrissage des Cherries débute dès la troisième minute et ne s'arrête qu'à la quatre-vingt-cinquième. « J'ai adoré notre entame de match aujourd'hui », sourit le manager. « Nous n'avons pas hésité, nous avons joué sans retenue, nous sommes entrés dans le match à fond et nous les avons mis sous pression. Nous avons pris des risques. »

Luis Diaz ouvre le bal avant qu'Harvey Elliott n'inscrive son premier but en championnat et double rapidement la mise. Trent Alexander-Arnold, Roberto Firmino et

Virgil van Dijk marquent à leur tour. À la pause. Liverpool mène 5-0. C'est la première fois en quarante-huit ans que Liverpool inscrit cinq buts en première période.

« À la mi-temps, il était important pour nous de continuer sur notre lancée. Nous ne voulions pas les laisser marquer un but et avoir ce genre de goût amer après un après-midi magnifique. Nous avons donc décidé de commencer la deuxième mi-temps pied au plancher. »

Deux minutes après le retour des vestiaires, le festival reprend de plus belle grâce à un but contre son camp. Firmino signe un doublé. Fabio Carvalho célèbre son premier but sous le maillot rouge. Diaz parachève le travail avec un neuvième but. L'arbitre met fin au calvaire d'un Bournemouth en état de choc. Neuf à zéro.

« C'était un après-midi de football parfait pour nous, avec beaucoup de buteurs différents, des buts magnifiques et des occasions fantastiques », conclut Klopp. « Nous étions vraiment dans le coup et nous avons mis l'adversaire sous une pression incroyable. Nous savons tous que nous avions besoin d'un tel résultat. Nous devions nous prouver quelque chose à nous-mêmes. »

Au cours de cet après-midi mémorable, et au fur et à mesure que les buts s'enchaînent, les statisticiens de la tribune de presse s'empressent de feuilleter les livres de records pour consulter l'historique.

Cette victoire 9-0 a largement battu le précédent record de Liverpool en Premier League, 7-0 à Crystal Palace en 2020.Un résultat qui égale une performance réalisée en 1989, également contre Palace, la plus large victoire de l'histoire du club en première division.

Les sceptiques ont été réduits au silence et Jürgen Klopp remporte la plus large victoire de sa longue carrière de manager.

**Ci-dessus :** Tableau d'affichage historique.

**Page suivante :** Harvey Elliott fête son premier but en Premier League.

« Marquer mon premier but en Premier League est un rêve devenu réalité, mais le faire pour une équipe dirigée par Jürgen Klopp rend la chose encore plus émouvante, car je n'ai pas seulement joué pour l'écusson, j'ai joué pour lui. C'est un manager pour lequel j'ai toujours tout donné. Je traversais une période difficile. Ma mamie était décédée quelques jours auparavant, mais j'avais gardé la nouvelle pour moi jusqu'à la fin du match. Quand le manager l'a appris, il est venu directement me serrer dans ses bras pour me dire qu'il était là pour moi. Ce geste résume sa personnalité. En dehors du terrain, il m'a toujours soutenu et sans lui, je ne serais pas là où je suis aujourd'hui. C'est une icône de Liverpool qui est à l'origine d'aventures extraordinaires pour les joueurs et les supporters. Pour moi, il n'y aura jamais d'autre Jürgen Klopp. »

**HARVEY ELLIOTT,**
LIVERPOOL FC, 2019-PRÉSENT

standard
chartered

# M. LIVERPOOL

**Jürgen Klopp reçoit la « Freedom of Liverpool », 2 novembre 2022**

Dès qu'il a franchi les portes d'Anfield en 2015, Jürgen Klopp a montré tous les traits de caractère que les supporters de Liverpool aiment tant chez un manager. Les titres et les trophées ont fait beaucoup, évidemment, mais la force de la relation que Klopp a développée avec les fans a trouvé naissance dans son comportement en dehors du terrain autant que par les performances de son équipe balle au pied.

De son soutien constant aux victimes de la catastrophe de Hillsborough à ses visites aux enfants malades dans les hôpitaux locaux, en passant par le fait qu'il prend régulièrement le temps de poser pour des photos avec les supporters, Klopp a conquis le cœur des habitants.

À leurs yeux, le barbu originaire de la Forêt-Noire en Allemagne a toujours été « l'un des leurs » et, bien que son accent soit resté plus souabe que scouser, il a prouvé à d'innombrables reprises qu'il était manifestement un homme en phase avec les habitants de cette ville.

Il est donc tout à fait normal qu'à l'automne 2022, Klopp devienne un Scouser honoraire en se voyant décerner le droit de cité de Liverpool, le « Freedom of Liverpool », en reconnaissance de son oeuvre à Anfield et de ses contributions à de nombreuses organisations caritatives locales.

La plus haute distinction civique de la ville n'avait jusqu'à présent été décernée qu'à trois footballeurs – Bob Paisley, Sir Kenny Dalglish et Steven Gerrard. Les Beatles, Gerry Marsden, Ken Dodd et les quatre-vingt-dix-sept victimes de la catastrophe de Hillsborough figurent parmi les autres personnalités honorées.

Klopp devient seulement le troisième ressortissant étranger à recevoir cet honneur et avoue être bouleversé d'être reconnu aux côtés de tant de sommités. « Pour une ville que j'aime tant, recevoir une telle distinction compte beaucoup à mes yeux. »

Au terme d'une cérémonie exceptionnelle à l'hôtel de ville de Liverpool, où il reçoit le prestigieux parchemin aux côtés de son épouse Ulla, le patron des Reds s'adresse à l'assemblée : « Après toutes ces années passées ici, je me rends compte que notre famille a beaucoup de choses en commun avec les Scousers. Nous nous intéressons aux mêmes choses. Nous avons les mêmes opinions politiques et la même ouverture d'esprit. C'est comme ça. Tous les gens qui m'entourent, mes amis et ma famille, passent plus de temps en ville que moi et je les entends toujours dire que c'est pour cela qu'ils aiment cette ville ; parce que les gens sont vraiment ouverts, gentils, aimables et amicaux. C'est ce que je veux être aussi. »

« Je dois être honnête, lorsque j'ai appris la nouvelle, j'ai dû prendre une minute pour l'assimiler. Comme vous pouvez l'imaginer, j'ai poussé un "waouh". Essentiellement parce que Liverpool, la ville et ses merveilleux habitants représentent beaucoup pour moi et ma famille. Dès le premier jour, l'accueil réservé à ma famille a été incroyable. Je suis donc très heureux de recevoir ce genre de reconnaissance, mais c'est aussi une grande leçon d'humilité. »

« Alors, à tous ceux qui ont rendu cela possible, merci. Ma famille et moi-même sommes très, très fiers de savoir que le lien qui nous unit à cette merveilleuse ville s'est encore renforcé et qu'il le restera à jamais. »

Pour reprendre les termes du drapeau que l'on voit dans le *kop* depuis sa première saison au club… « Jürgen Norbert Klopp. *Boss Tha* ». (Bon boulot Jürgen Norbert Klopp.)

**Ci-dessus :** Jürgen reçoit la plus haute distinction de la ville de Liverpool.

**Page suivante :** En recevant ce prix, il suit les traces de ses illustres prédécesseurs.

« Dès le premier jour de Jürgen, les attentes ont été élevées. Nous nous demandions tous ce qu'il allait nous apporter et, comme le dit le chant qui résonne dans les tribunes, il a tenu ses promesses. Il nous a apporté une multitude de coupes et un style de jeu différent de celui auquel nous étions habitués, un merveilleux football offensif dont on se souviendra pendant des décennies. Il nous a donné beaucoup de plaisir et transmis de bonnes ondes. Il méritait de recevoir la plus haute distinction de Liverpool. Pour un étranger, c'est un honneur incroyable et ce n'est pas seulement pour les trophées qu'il a remportés. Cela vient des habitants de cette ville et cela rend les choses encore plus spéciales. Étant *Scouser* et fier de l'être, je dirais que cela équivaut à être fait chevalier et j'ai hâte de le voir guider son troupeau dans la rue dans quelques années. Pour tout ce qu'il a accompli ici, Jürgen aura toujours notre extrême reconnaissance. »

**PHIL THOMPSON,**
JOUEUR DU LIVERPOOL FC, 1972-1985,
ENTRAÎNEUR, 1986-1993 ET MANAGER ADJOINT,
1998-2004

# JETÉ AUX LOUPS

**Wolves - Liverpool, Premier League, 4 février 2023**

Infaillible aux yeux des supporters de Liverpool, Jürgen Klopp ne bénéficie pas de la même indulgence de la part d'autres acteurs du football. Lorsqu'une saison pleine de promesses se transforme en une immense déconvenue, il se retrouve sous le feu des critiques.

Après être passé tout près d'un quadruplé historique lors de la dernière saison, Anfield rêve d'une nouvelle année de grâce, surtout après la victoire sur Manchester City lors du Community Shield. La victoire éclatante contre Bournemouth en août 2022 est un autre signe positif, au même titre que le succès 7-1 contre les Rangers en Ligue des champions. Mais, les Reds sont irréguliers.

La sonnette d'alarme retentit pour la première lorsque Leeds United, un mal classé, vient s'imposer sur les bords de la Mersey fin octobre. Liverpool se retrouve à huit points des quatre premières places. Bien que la saison n'en soit encore qu'à un stade précoce, Klopp admet que son équipe est en difficulté. « Vous ne pouvez pas vous qualifier pour la Ligue des champions si vous jouez de manière aussi irrégulière que nous le faisons en ce moment. »

À l'approche de Noël, les Reds abandonnent déjà leur Coupe de la Ligue, après une élimination au quatrième tour par Manchester City. Un mois plus tard, c'est la Cup qui s'envole après une défaite à Brighton & Hove Albion, au même stade de la compétition.

En Europe, Klopp parvient à qualifier Liverpool pour les huitièmes de finale de la Ligue des champions, mais début février, il semble de plus en plus probable que le

**Ci-dessous à gauche :** À Molineux, duel aérien entre Stefan Bajcetic et Matheus Cunha.

**Ci-dessous à droite :** Trent Alexander-Arnold ne veut pas croire en la défaite.

**Ci-dessus :** Harvey Elliott entre en jeu pour remplacer Stefan Bajcetic… Cela ne changera rien au résultat final.

**Page suivante :** Le milieu de terrain espagnol Stefan Bajcetic, encore un jeune lancé par Jürgen Klopp.

club ne pourra participer à cette compétition l'année prochaine que s'il la remporte cette année.

Six défaites en Premier League ont fait naître de sérieux doutes quant à la capacité de Liverpool à terminer parmi les quatre premiers. À Molineux, le premier week-end du mois, Liverpool est au plus bas. Face aux Wolves – encore une équipe qui lutte pour éviter la relégation – les Reds concèdent deux buts dans les douze premières minutes et ne cadrent qu'un seul tir au cours d'une première période à oublier.

Malgré un trio d'attaque composé de Mo Salah, Darwin Nunez et de la star néerlandaise de la Coupe du monde, Cody Gakpo, arrivé du PSV Eindhoven pendant le mercato d'hiver, Liverpool est incapable de réagir. Les Wolves enfoncent même le clou en marquant un troisième but après la pause.

Liverpool chute à la dixième place du classement et Klopp, qui a présenté ses excuses, n'a presque plus de mots. « Je n'ai pas d'explication, je suis désolé », concède-t-il, visiblement choqué par le spectacle proposé par son équipe. « Vous pouvez nous critiquer et nous juger, et vous avez probablement raison. Nous sommes responsables de cette catastrophe. C'est intolérable, il faut que cela change. »

Pour la première fois depuis plus de dix ans, Liverpool vient de perdre trois matchs consécutifs à l'extérieur en Premier League et souffre d'une crise de confiance, en particulier en défense. Les supporters des Wolves se moquent de Klopp en scandant de façon risible « Tu seras licencié demain matin ».

Comme c'est souvent le cas, les médias en rajoutent et les rivaux de Liverpool se réjouissent, mais on ne peut pas cacher que le manager va devoir se retrousser les manches pour redresser la situation. Lorsqu'on lui demande s'il est convaincu de pouvoir le faire, Jürgen Klopp répond : « Oui, absolument. »

« Il m'a donné, ainsi qu'à beaucoup d'autres jeunes joueurs, l'occasion de montrer notre talent au monde. Dès le premier jour, le manager et son staff m'ont soutenu et je leur en suis très reconnaissant. En tant que jeune joueur qui vient du centre de formation, cela nous permet de nous sentir bien. Je rêvais de rejoindre l'équipe première de Jürgen Klopp depuis que j'ai signé à Liverpool. Il a eu une telle influence sur ma carrière, en me permettant de jouer libéré. La confiance accordée m'a permis de faire bonne impression et de m'améliorer en tant que joueur. Je lui serai toujours reconnaissant d'avoir cru en moi. »

**STEFAN BAJCETIC,**
LIVERPOOL FC, 2022-PRÉSENT

L.F.C.
standard chartered
43
37

# SEPTIÈME CIEL

**Liverpool - Manchester United | Premier League, 5 mars 2023**

Parfois, en football, il n'y a rien d'autre à faire que s'installer confortablement et apprécier le spectacle : un scénario inédit qui ne se reproduira peut-être jamais, un moment où les astres s'alignent et où tout se déroule à merveille.

Le premier week-end de mars 2023, les supporters de Liverpool ont eu le privilège de vivre cette expérience. L'équipe de Jürgen Klopp leur offre une prestation et un résultat final sans égal face à l'équipe qu'ils adorent battre plus que tout autre.

Personne n'oserait imaginer que la fameuse déroute 5-0 infligée à Manchester United, à Old Trafford, en octobre 2021 puisse être reléguée au rang de deuxième pire défaite. Les Mancuniens ne pensaient jamais revivre une telle débâcle, mais Klopp et ses joueurs leur ont prouvé le contraire.

United ne s'est plus imposé devant le *kop* depuis janvier 2016, trois mois après l'arrivée de Klopp. Les Red Devils ont perdu 4-0 lors de leur dernière visite. Malgré cela, au début du match, l'équipe d'Erik ten Hag est en forme, avec ses dix points d'avance sur Liverpool au classement. Cela n'empêche pas les joueurs de Klopp de ne faire qu'une bouchée des Mancuniens, même si la première période a été beaucoup plus serrée que le score ne le laisse supposer.

Il faut attendre la quarante-troisième minute pour que les locaux ouvrent le score par l'intermédiaire de Cody Gakpo. Mais cinq minutes après le retour des vestiaires, après des buts rapides de Darwin Nunez et de Gakpo (encore lui), les trois points sont pratiquement acquis. « La seconde période n'aurait pas pu mieux débuter. À partir de ce moment-là, les garçons volaient sur le terrain et il était vraiment difficile de jouer contre nous. »

**En bas à gauche :** Ouverture du score de Cody Gakpo contre Manchester United.

**Ci-dessous à droite :** Et de deux pour le Néerlandais !

Mo Salah, qui a souvent été le principal bourreau de United, entre dans la danse en inscrivant un doublé, devenant ainsi le meilleur buteur de l'histoire du club en Premier League. Entre le doublé de Salah et un nouveau but de Nunez, les Reds régalent Anfield.

Pendant qu'un public en liesse se délecte de l'humiliation infligée par les hommes de Klopp à leurs éternels rivaux, les journalistes cherchent frénétiquement de nouveaux superlatifs pour décrire ce qui se passe sous leurs yeux.

Liverpool ne se contente pas de six buts, et remue inlassablement le couteau dans la plaie ouverte de United. Dans les dernières minutes, c'est Roberto Firmino, bientôt sur le départ, qui dépose la cerise sur le gâteau, pour conclure la rencontre sur un 7-0 historique.

Une victoire record dans le cadre de cette confrontation, reléguant le 7-1 de Liverpool en 1895 dans les oubliettes de l'histoire. Mais également la plus lourde défaite de United. « C'est un match spectaculaire, exceptionnel. Nous avons pratiqué un excellent football contre une équipe en forme. C'est l'une de nos meilleures performances depuis très, très longtemps. »

Aucun entraîneur de Liverpool n'avait réussi à battre Manchester United avec autant d'emphase que Jürgen Klopp, et il y a eu très peu d'après-midis aussi agréables à Anfield. Les supporters des Reds ne se lasseront jamais de raconter cette histoire.

**Ci-dessus :** Roberto Firmino sort du banc pour inscrire le septième but d'un après-midi inoubliable.

**Page suivante :** Cody Gakpo, double buteur face à United, a été recruté au PSV Eindhoven deux mois plus tôt.

« J'avais hâte de jouer dans ce club et d'évoluer sous les ordres d'un tel manager. Il m'a aidé à me développer et à devenir un meilleur joueur. Le match contre Manchester United est, évidemment, un moment fort. Un match extraordinaire. Il m'avait parlé de l'importance de cette rencontre et m'avait accordé sa confiance. Je l'ai remercié en marquant deux buts pendant ce match historique. Quand je suis sorti, je me souviens qu'il m'a dit à quel point il était content de ma prestation et cela signifiait beaucoup. Ce qu'il a fait pour ce club est extraordinaire. Il pensait toujours au match suivant et nous transmettait la conviction que nous pouvions gagner, même dans les moments difficiles. Je lui serai toujours reconnaissant de m'avoir donné la chance de jouer pour ce grand club. »

**CODY GAKPO,**
LIVERPOOL FC, 2023-PRÉSENT

# HÉROS ET VILAINS

**Liverpool - Aston Villa | Premier League, 20 mai 2023**

Une semaine après avoir infligé à Manchester United un humiliant 7-0, Liverpool s'incline 1-0 sur le terrain de Bournemouth. Cette défaite résume à elle seule la nature erratique de leur saison. En l'espace de dix jours, le Real Madrid a également mis un terme à l'aventure européenne des Reds. Comme en 2020-2021, Jürgen Klopp et son équipe ne peuvent plus compter que sur une place dans les quatre premiers pour sauver la saison.

Les fans ont des raisons d'être tendus, mais depuis début avril, on dirait qu'une lumière s'est soudain allumée. Liverpool enchaîne une époustouflante série de sept victoires consécutives, avec encore deux rencontres à sept buts, 6-1 à Leeds et 4-3 à Tottenham, avec son *finish* haletant et la victoire arrachée dans le temps additionnel par Diogo Jota.

Cela a permis aux Reds de combler une partie de leur retard sur Newcastle United et Manchester United, respectivement troisième et quatrième du classement, mais à l'approche des derniers matchs de la saison, tout le monde est conscient que Liverpool ne pourra arracher une place dans les quatre premiers que si l'un des deux flanche.

**Ci-dessous :** Curtis Jones lors du dernier match à domicile de la saison 2022-2023.

Et, bien sûr, les Reds doivent également faire le boulot en poursuivant leur série de victoires. Le match décisif se déroule lors de l'avant-dernière journée du championnat, avec la réception d'Aston Villa.

Le club vient d'annoncer le départ de plusieurs joueurs phares durant l'été. Cela laisse présager une célébration chargée d'émotion. Le manager, quant à lui, est tourné vers l'avenir et la reconstruction de son équipe.

Villa prend l'avantage en première période. L'égalisation de Roberto Firmino, l'un des chouchous d'Anfield, ravive la flamme dans les tribunes. Le Brésilien, qui est l'un des quatre joueurs en partance, égalise à la dernière minute, pour sa dernière apparition devant le *kop*. Un moment fort qui laisse entrevoir une lueur d'espoir pour la qualification en Ligue des champions. Mais un point ne suffit pas.

Les chances de Liverpool de figurer parmi les quatre premiers du classement ne tiennent qu'à un fil. Le sort des Reds est définitivement scellé quelques jours plus tard par les résultats de leurs deux rivaux. Depuis la première saison de l'ère Klopp, c'est la première fois que Liverpool termine en dehors du Big 4 de la Premier League. Le manager allemand est le premier à reconnaître que son équipe s'est réveillée trop tard dans la saison. « Je pense que nous avons rendu la situation assez excitante. Je ne pensais pas que c'était possible il y a sept semaines. Les garçons ont vraiment bien travaillé pendant cette période, [mais] pendant trop longtemps, nous n'avons pas été assez bons. »

James Milner, Naby Keita et Alex Oxlade-Chamberlain quittant aussi le club, c'est la fin d'une époque. Mais alors que Liverpool s'apprête à entrer dans une phase de transition, Jürgen Klopp fait une promesse : « Nous redeviendrons un prétendant. »

**Ci-dessus à gauche :** Dernier match et dernier but de Roberto Firmino à Anfield.

**Ci-dessus à droite :** Sous l'ère Klopp, Firmino détient le record de matche à Liverpool.

**Page suivante :** La légende des Reds Steven Gerrard avoue qu'il aurait aimé jouer pour le Liverpool de Jürgen Klopp.

L.F.C.
Garuda Indonesia
L.F.C.

L.F.C.
Garuda Indonesia
L.F.C.

« La première interview qu'il a donnée en tant que manager de Liverpool m'a remonté le moral à fond ! C'était tout pour le jeu. Je me souviens avoir participé à un match d'exhibition pour le club. Jürgen avait dirigé l'équipe. Je me suis dit : "Je paierais n'importe quel montant et je ferais n'importe quoi pour pouvoir jouer sous les ordres de ce type pendant une saison." Avant son arrivée, Liverpool a connu une période difficile, avec beaucoup de souffrances, de maux et de doutes, mais il a fait progresser les joueurs et a bâti des équipes qui ont gagné des trophées en pratiquant un football magnifique. Ce travail s'accompagne d'une énorme pression. Nous avons eu Shankly, Paisley, Fagan, Benitez... des managers qui ont remporté des trophées pour Liverpool, et Jürgen, pour tout ce qu'il a accompli, est tout là-haut, avec les plus grands, cela ne fait aucun doute. J'espère qu'ils envisagent de lui ériger une statue parce qu'il mérite cette reconnaissance de la part du club. »

**STEVEN GERRARD,**
LIVERPOOL FC, 1998-2015
ET COACH DU LIVERPOOL FC ACADEMY,
2017-2018

# BONHEUR INTENSE SUR LA TYNE

**Newcastle - Liverpool | Premier League, 27 août 2023**

Liverpool aurait pu installer des portes de saloon à l'entrée de son terrain d'entraînement au cours de l'été 2023 pendant lequel Jürgen Klopp s'est attelé à la reconstruction de son équipe et, en particulier, de son milieu de terrain. Il a baptisé ce projet « Liverpool 2.0 » et espère qu'il marquera le début d'un nouveau chapitre glorieux de son passage au sein du club.

Après une saison au cours de laquelle les Reds n'ont remporté aucun trophée et ne se sont pas qualifiés pour la Ligue des champions, un remaniement de l'effectif est inévitable, mais le départ d'un grand nombre de stars ayant joué un rôle clé dans le succès de l'équipe entre 2019 et 2022 rend la tâche encore plus ardue.

Les départs de Roberto Firmino, James Milner, Naby Keita et Alex Oxlade-Chamberlain étaient connus, mais pas ceux de Fabinho et du capitaine Jordan Henderson.

Klopp comble le vide au milieu de terrain en recrutant plusieurs joueurs bien côtés, le capitaine hongrois Dominik Szoboszlai, le champion du monde argentin

**Ci-dessous :** Le jeune défenseur Jarell Quansah impressionne pour ses débuts en Premier League.

« Je n'oublierai jamais ce qu'il a fait pour moi et pour ma carrière. Il m'a offert la chance de jouer dans l'équipe première du club de mes rêves. Plus important encore, il m'a fait confiance et a cru en moi. Je n'oublierai jamais mon premier match, à Newcastle. Certains managers n'oseraient pas lancer dans le grand bain un jeune arrière central n'ayant pas disputé la moindre minute en Premier League, mais Klopp n'a pas hésité une seconde. Vous n'imaginez pas ce que j'ai ressenti et toute la confiance que cela m'a insufflé. Il ne m'a pas dit grand-chose, mais savoir qu'il avait foi en moi me suffisait. Il est dommage que nous n'ayons pas pu travailler ensemble plus longtemps, mais même pendant la courte période où j'ai fait partie de son équipe, j'ai acquis tellement de connaissances grâce à lui. »

**JARELL QUANSAH,**
LIVERPOOL FC, 2023-PRÉSENT

**Ci-dessus à gauche :** Tensions au bord de la ligne de touche après le carton rouge de Virgil van Dijk.

**Ci-dessus à droite :** Doublé de Darwin Nunez.

**Ci-contre :** L'Uruguayen célèbre devant ses fans.

Alexis Mac Allister, Ryan Gravenberch du Bayern Munich et le moins connu Wataru Endo. Ajoutés à son noyau de joueurs et avec un groupe de jeunes prometteurs qui piaffent dans les coulisses, le manager pense son équipe bien armée pour relever une fois de plus le défi.

« C'était le bon moment pour faire ce travail. J'étais très enthousiaste à l'idée de reconstruire une équipe, de mettre en place une nouvelle façon de travailler et de bénéficier d'une nouvelle énergie. Nous avions décidé l'année dernière que nous devions faire beaucoup de changements. Mais c'était une volonté de notre part, pas une obligation. J'ai tout adoré pendant les sept années précédentes, mais il est évident que nous avons tous besoin de nouvelles énergies et observer tous ces nouveaux visages tous les jours pour voir à quel point ils aiment ce nouveau défi me donne également de l'énergie. »

Revigorés, les Reds font immédiatement bonne impression lors de la saison 2023-2024, remportant sept de leurs huit premiers matchs et prouvant leur courage lors d'une victoire haletante à Newcastle fin août. Avec trois nouvelles recrues alignées ce jour-là, Liverpool ne s'avoue pas vaincu après avoir encaissé un premier but et perdu son nouveau capitaine Virgil van Dijk sur carton rouge, le tout avant la demi-heure de jeu.

À la soixante-dix-septième minute, alors que les espoirs s'amenuisent rapidement et que la frustration monte, Klopp procède à un double changement et fait entrer le jeune défenseur Jarell Quansah pour ses débuts, ainsi que Darwin Nunez. Quatre minutes plus tard, Nunez égalise avant des donner la victoire aux Reds dans le temps additionnel.

« Nous avons de nouveaux joueurs clés dans l'équipe et nous devons créer des matchs références. Aujourd'hui, c'en était vraiment un. Je pense qu'au cours de mes mille matchs en tant qu'entraîneur ou manager, je n'ai jamais connu ça, à dix, dans une telle ambiance contre un tel adversaire. C'était extraordinaire et les garçons l'ont mérité. »

Le fait d'arracher les trois points à une équipe qui les avait devancés au classement la saison précédente est extrêmement important pour le Liverpool rénové de Jürgen Klopp. Un signe positif pour l'avenir.

L.F.C.
standard
chartered
9

# DÉFLAGRATION

**Annonce du départ de Jürgen Klopp, 26 janvier 2024**

Jürgen Klopp, 26 janvier 2024

Rien n'est éternel et toutes les bonnes choses ont une fin, mais personne n'était préparé à cela... En tout cas pas aussi rapidement. Après huit années et demie inoubliables de Jürgen Klopp à Liverpool, on en espérait encore quelques-unes. Une annonce inattendue va tout changer.

C'est un vendredi matin comme les autres sur les bords de la Mersey, le soleil brille et les raisons de se réjouir sont nombreuses. On planifiait le déplacement à Wembley après avoir éliminé Fulham en demi-finale de la Coupe de la Ligue. Les Reds se préparent pour la réception de Norwich City pour le quatrième tour de la Cup. Toujours en lice en coupe d'Europe, Liverpool est également leader de Premier League avec cinq points d'avance

Aucun signe annonciateur qu'un nuage noir se profile à l'horizon. Au siège de l'équipe première du club, à Kirkby, les joueurs arrivent à l'entraînement comme d'habitude, mais sont d'abord convoqués pour une réunion exceptionnelle. Le manager les informe de la nouvelle choc, sur le point d'être annoncée.

Un peu après 10 h 30, une déclaration soigneusement préparée est diffusée sur le site officiel du club et les médias sociaux. Un message vidéo a été rapidement préenregistré quelques heures plus tôt. Le titre dit simplement : « Jürgen Klopp annonce sa décision de quitter son poste de manager de Liverpool à la fin de la saison. »

Les secousses sismiques provoquée par ces dix-neuf mots se répercutent dans le monde entier en l'espace de quelques secondes. Dans un premier temps, les supporters espèrent et prient pour qu'il s'agisse d'une sorte de farce, que le site web ait été piraté ou que le poisson d'avril soit arrivé plus tôt que prévu.

Dire que les gens sont stupéfaits serait un euphémisme. L'ampleur de l'annonce est si forte qu'elle est difficile à encaisser. Dans les rues, les bureaux, les usines et les écoles, la vie s'arrête et tout le monde se pose la même question : pourquoi ?

« Je peux comprendre que ce soit un choc pour beaucoup de gens en ce moment, surtout quand on apprend la nouvelle, mais évidemment je peux l'expliquer – ou du moins essayer de l'expliquer », justifie Klopp. « J'aime absolument tout de ce club, j'aime tout de la ville, j'aime tout de nos supporters, j'aime l'équipe, j'aime le personnel. J'aime tout. Et le fait que je prenne quand même cette décision vous montre que je suis convaincu que c'est la bonne. »

« Je n'ai plus d'énergie. Je sais que je ne peux pas faire ce travail encore et encore et encore et encore. Après tout le temps que nous avons passé ensemble et tout ce

« Lorsque j'ai appris sa décision, j'ai bien sûr été déçu, tant sur le plan professionnel que personnel. Mais lorsque Jürgen et moi avons discuté de sa décision de quitter le club à la fin de la saison, il était évident que c'était absolument la bonne décision pour lui, sa famille et, par extension, pour le club. Je pouvais le lire dans ses yeux. Il n'y avait pas de doute, pas de "peut-être"... et nous avons commencé à discuter de la meilleure façon de l'annoncer. Nous aimons beaucoup Jürgen pour sa capacité à s'exprimer de manière authentique, directe et avec empathie. Son leadership nous a apporté le succès sur le terrain et en dehors et nous a laissé des souvenirs extraordinaires et des émotions incroyables. Il me manquera vraiment en tant qu'ami et collègue. Je ne souhaite rien d'autre que le meilleur à sa famille – et je parle au nom de tout le monde. Merci, Jürgen. YNWA. »

**BILLY HOGAN,**
DIRECTEUR GÉNÉRAL DU LIVERPOOL FC

que nous avons traversé, j'ai énormément de respect et d'amour pour vous. Le moins que je vous doive, c'est la vérité. »

Klopp insiste sur le fait qu'il ne s'agit pas d'une décision prise à la hâte et révèle avoir informé ses dirigeants de ses intentions trois mois auparavant. « Je l'ai dit au club en novembre. Quand une saison commence, on planifie déjà la suivante. Lorsque nous étions en réunion et que nous parlions des recrutements potentiels, du prochain stage d'été et de la possibilité d'aller où que ce soit, et je me suis dit que je ne serai peut-être plus ici. Cela m'a surpris moi-même. J'ai évidemment commencé à y réfléchir. »

De l'extérieur, le timing étonne. Klopp est en pleine construction de sa deuxième grande équipe à Anfield. Ses recrues sont bien intégrées, et il dispose d'une somme de jeunes talents qui attendent en coulisses. À sa grande surprise, le « Liverpool 2.0 » se met en place plus rapidement que prévu et Liverpool se montre à nouveau très compétitif sur les quatre fronts. Le projet semble être en bonne voie, voire déjà en avance sur le calendrier.

« La saison dernière a été rude. Il y a eu des moments où, dans d'autres clubs, la décision aurait été de dire : "Allez, merci beaucoup pour tout, mais nous devrions probablement mettre fin à notre collaboration". Ce n'est pas ce qui s'est passé ici, évidemment. Pour moi, il était super, super, super important que je puisse remettre cette équipe sur les bons rails. »

« Je ne pensais qu'à ça. Quand j'ai compris – assez vite – que c'était une très bonne équipe avec un énorme potentiel, une nouvelle génération, de vraies personnalités, j'ai pu recommencer à penser à moi. Ce n'est pas que je veuille partir, c'est juste que je pense que c'est la bonne décision. À 100 %. C'est tout. »

Klopp s'empresse également de dissiper les craintes d'un éventuel effet négatif sur ses joueurs au milieu d'une saison qui s'annonçait exceptionnelle. « Les garçons sont de très bonne humeur. Ils ne se sont pas levés pour faire la fête quand je leur ai annoncé la nouvelle, mais ce n'était qu'une annonce. Il y a eu quelques larmes, mais c'est normal après tant de temps passé ensemble. »

« Dans un monde idéal, je n'aurais rien dit à personne avant la fin de la saison. Dans la société dans laquelle nous vivons, il n'est pas possible de garder ce genre de choses secrètes ; c'est même une surprise que nous ayons pu conserver le secret jusqu'à maintenant. Ce dont je suis vraiment convaincu, c'est que quand on prend une telle décision, il vaut mieux le faire un peu plus tôt qu'un peu trop tard. Trop tard aurait été la pire des choses à faire. »

« Le club a besoin d'être informé à temps et de planifier. Tout ce que nous avons construit ces dernières années est un merveilleux outil de travail, et il faut continuer à aller de l'avant. On ne peut pas prendre les bonnes décisions quand on manque de temps, et il est important pour moi que l'équipe soit armée après mon départ.

**Page suivante :** Jürgen a surpris le monde du football en annonçant son départ à la fin de la saison 2023-2024.

Quand j'ai parlé de "Liverpool 2.0", cela ne m'incluait pas pour les dix prochaines années, mais la base de travail est là. »

Pour les supporters d'un certain âge, l'annonce choc que le mandat de Klopp à la tête du club va bientôt prendre fin rappelle celles du départ de Bill Shankly et de Kenny Dalglish, deux autres anciens managers bénéficiant auprès des supporters d'une côte d'amour semblable à celle de Klopp, qui ont quitté leurs fonctions respectivement en 1974 et 1991. Ce troisième grand moment « JFK » de Liverpool a provoqué une incrédulité et une émotion d'une ampleur similaire.

Alors que les hommages affluent déjà, Klopp est déterminé à ce que la vie à Liverpool se poursuive aussi normalement que possible et, en début d'après-midi, on l'aperçoit sur le terrain d'entraînement, où ses joueurs effectuent des exercices de vitesse en préparation du match du week-end. Il répond ensuite aux médias lors d'une conférence de presse aux côtés de Billy Hogan, directeur général de Liverpool. Souriant, mais un peu réservé, le boss raconte sa journée marquée par des émotions contradictoires, mais répond poliment et patiemment à toutes les questions qui lui sont posées.

« Je continue de penser que c'est la bonne décision. Je ne prends pas cela à la légère. Avec toutes les responsabilités que j'ai dans ce club, je dois être au top de ma forme. Nous ne sommes plus de jeunes lapins et nous ne sautons plus aussi haut qu'avant. Ce club, surtout avec une telle équipe, a besoin d'un manager en pleine possession de ses moyens, et si je ne peux pas l'être, je dois le dire. Je l'ai d'abord dit à mes dirigeants, puis à mon staff, et aujourd'hui, tout le monde le sait. Il était important de le dire à nos supporters et aux joueurs. Après avoir pris ma décision, j'ai ressenti un grand soulagement. Aujourd'hui, c'est ambigu. L'émotion viendra me submerger en fin de saison. »

En conclusion de cette journée historique à laquelle personne ne s'attendait, le manager insiste sur sa volonté de bien finir le travail : « Mon pied est toujours sur l'accélérateur et il le restera jusqu'à la dernière minute de mon dernier match. Les joueurs s'entraînent et vont jouer dans le même état d'esprit et, comme je l'ai dit, rien ne change. Nos ambitions et nos convictions ne sont pas différentes. Nous savons ce que nous voulons et nous savons à quel point nous devrons travailler dur pour y parvenir. Je ne pourrais pas être plus enthousiaste pour cette saison. »

Le football en Angleterre et, bien sûr, la vie à Liverpool ne seront plus jamais les mêmes, mais il reste quatre mois de Jürgen Klopp à savourer et, pour l'instant, il entend bien que le bruit de son départ imminent ne vienne pas perturber la fin de saison.

# LA BANDE DE GAMINS DE KLOPP (2)

**Liverpool - Chelsea | Finale de la Coupe de la Ligue, 25 février 2024**

« On ne gagne rien avec une équipe de gamins. » Une déclaration attribuée à Alan Hansen, légende du Liverpool FC avec lequel il a remporté de nombreux trophées. L'ancien défenseur devenu commentateur est très respecté pour ses avis sur le jeu, mais trois décennies plus tard, Jürgen Klopp allait soumettre la théorie de Hansen au test ultime.

Un mois s'est écoulé depuis l'annonce choc de son départ à la fin de la saison, la soi-disant « tournée d'adieu » de Klopp a bien commencé avec une seule défaite en six matchs. L'objectif est de terminer la saison en beauté en remportant d'autres trophées. La finale de la Coupe de la Ligue est la première des quatre occasions de remplir un peu plus la salle des trophées du club.

Pour atteindre la finale, Liverpool a éliminé successivement Leicester City, Bournemouth, West Ham United et Fulham. Pour la troisième fois, l'adversaire à Wembley s'appelle… Chelsea !

Les tours précédents, et c'est un signe encourageant, ont permis au manager de faire tourner son effectif. Au total, vingt-quatre joueurs ont été utilisés pendant ces cinq rencontres. Cela a permis à de nombreux jeunes d'accéder à l'équipe première. Pour la finale, il sera contraint de puiser encore davantage dans les rangs des jeunes.

Avec au minimum six titulaires absents pour cause de blessure, le groupe de Klopp est très réduit pour descendre à Londres. Cela permet au jeune latéral nord-irlandais Conor Bradley d'être titularisé. Depuis deux mois, Bradley supplée parfaitement Trent Alexander-Arnold, blessé, mais il n'a encore jamais disputé un match aussi important. Plusieurs de ses camarades de l'Académie sont présents sur le banc. Deux d'entre eux n'ont jamais joué en équipe première.

« Il y a plusieurs occasions d'écrire l'histoire, car les fans de Liverpool n'oublient bien sûr jamais. Et oui, beaucoup de ces jeunes ont joué de nombreuses minutes, ce qui est très, très important pour eux. Quelle que soit la compétition, c'est un grand pas pour les jeunes joueurs. »

Les problèmes de blessure de Liverpool s'aggravent à la vingt-cinquième minute lorsque Ryan Gravenberch est évacué sur civière à la suite d'une faute de Moisés Caicedo. L'ex-Red Raheem Sterling ouvre le score pour Chelsea, mais son but est refusé pour hors-jeu. Même issue pour Liverpool juste avant l'heure de jeu lorsque la VAR juge que Wataru Endo est légèrement hors-jeu sur le coup franc indirect conclu de la tête par Van Dijk.

Le match n'est pas sans rappeler les deux dernières finales entre les deux équipes en 2022, avec des parades spectaculaires des gardiens et des poteaux de part et d'autre.

Plus l'après-midi avance et plus la fatigue se fait ressentir dans les jambes. Klopp n'a pas d'autre choix que de se tourner vers son banc et d'envoyer certains de ses jeunes joueurs au combat. « Les garçons s'entraînent depuis longtemps avec nous. Ils savent exactement ce qu'ils ont à faire. Nous avions besoin de sang neuf. » Bobby Clark est le premier à entrer en jeu en seconde période, suivi par James McConnell et Jayden Danns, puis par Jarell Quansah dans le temps additionnel.

Le onze de Liverpool qui termine le match compte dans ses rangs trois adolescents et deux joueurs âgés de 21 ans ou moins. C'est l'équipe la plus inexpérimentée que le club ait jamais alignée en finale de coupe. Du jamais vu ! Sous les encouragements du *kop*, les jeunes Reds se montrent à la hauteur de l'événement et refusent de jouer la carte de la sécurité en se contentant d'attendre les tirs au but. Compte tenu des circonstances, cela aurait déjà été en soi un grand exploit, mais leurs efforts et la confiance accordée par leur entraîneur trouveront leur récompense sur une énième tentative dans les dernières minutes.

Alors qu'il ne reste que deux minutes à jouer dans la prolongation et qu'une nouvelle terrible séance de tirs au but se profile, Liverpool obtient un corner. Il est tiré de la droite par Kostas Tsimikas et, comme il l'a fait un peu plus tôt dans la partie, Van Dijk remporte son duel aérien et marque d'une tête croisée dans le petit filet. Il n'y a cette fois aucun doute. Le but est validé et déclenche des scènes de liesse dans les tribunes.

Liverpool remporte sa dixième Coupe de la Ligue et, pour le symbole, pour une parfaite apothéose de son dernier match à Wembley dans ses fonctions de manager du Liverpool FC, Klopp accepte la requête de son capitaine et buteur décisif de soulever le trophée, comme l'avait fait Bob Paisley, en 1983.

**Ci-dessus à gauche :** Jürgen regarde avec fierté ses jeunes garçons battre Chelsea à Wembley.

**Ci-dessus à droite :** Le jeune défenseur nord-irlandais Conor Bradley avec ses compères du centre de formation, tous titrés avec l'équipe première.

« En plus de vingt ans, c'est certainement le trophée le plus émouvant que j'aie jamais remporté. Ce que j'ai vu aujourd'hui est tellement exceptionnel que cela pourrait ne jamais se reproduire. Pas parce que je quitte le club, mais parce que ce genre de choses n'arrive pas dans le football. On m'a dit que selon un adage du football anglais, on ne gagne rien avec une équipe de gamins. Je ne le savais pas. Ah bon ? En voyant les visages de ces garçons après la finale… Peut-on écrire des histoires inoubliables en football ? C'est tellement difficile… Avez-vous déjà entendu parler d'une équipe qui fait entrer tous ses jeunes du centre de formation en finale contre une équipe de haut niveau et qui remporte quand même le trophée ? Moi, jamais. »

« Je suis fier de nos supporters qui n'ont jamais cesser de nous encourager. Je suis fier du staff qui a su créer une atmosphère qui a permis à ces garçons de faire ce qu'ils savent faire de mieux. Je suis fier de notre centre de formation. Je suis fier de tant de choses ! C'était vraiment extraordinaire. Nous avions des problèmes avant le match et ils se sont aggravés pendant la rencontre. Je n'oublierai jamais cette soirée parce que nous avons surmonté tous ces problèmes. C'est un excellent souvenir indélébile. »

Si l'on exclut le Community Shield, il s'agit du septième trophée majeur de la carrière de Jürgen Klopp à Anfield. Cela fait de lui le deuxième manager le plus titré de Liverpool. Mais, aucun trophée senior dans l'histoire du club n'avait été remporté avec une équipe composée d'autant de jeunes joueurs.

Dans l'avion qui le ramène à Liverpool, cette nuit-là, le futur ex-manager s'endort avec la coupe dans les bras, heureux de savoir que les enfants qu'il laisse derrière lui sont devenus des adultes.

**Ci-dessous :** Jarell Quansah, Conor Bradley et Harvey Elliott avec la Coupe de la Ligue.

« C'était un sentiment incroyable pour tout le monde, mais particulièrement pour nous, les jeunes. Ce n'était pas évident avec toutes les blessures, mais nous savions que le boss avait foi en nous et cela signifiait tellement pour nous. Pour moi, il n'y a rien de mieux que de jouer une finale de coupe à Wembley pour Liverpool, mais il a fait en sorte que l'importance de l'événement ne nous inhibe pas. Son approche est toujours la même : "Soyez confiants, profitez de l'événement et jouez comme d'habitude." Cette victoire est un remerciement pour la confiance qu'il nous a insufflée. Jürgen Klopp représente tout pour moi. Il m'a donné ma première chance dans ce club et a joué un rôle très important dans ma progression en tant que footballeur. Il est une grande source d'inspiration et ce qu'il a fait pour le club dans son ensemble est exceptionnel. Je lui suis très reconnaissant de tout ce qu'il a fait pour moi. »

**CONOR BRADLEY,**
LIVERPOOL FC, 2023-PRÉSENT

# LE DERNIER ADIEU

**Liverpool - Wolves | Premier League, 19 mai 2024**

C'est le jour tant redouté depuis l'annonce du départ de Jürgen Klopp. La dernière étape d'un incroyable voyage. Il n'y a pas un œil sec dans les tribunes.

De mémoire de supporter, on n'avait jamais vu d'adieux plus émouvants à Anfield et cela est plus que normal vu la place unique que Klopp conservera dans le cœur de tous les Reds.

Le scénario rêvé aurait été de voir Jürgen Klopp brandir le trophée de la Premier League devant un *kop* plein à craquer, avant de traverser la mer d'Irlande trois soirs plus tard pour aller remporter la Ligue Europa, le seul trophée qui manque à son palmarès. Cela ne se produira malheureusement pas. Malgré tout, ce jour-là, l'hommage à Klopp éclipse tous les autres événements du monde sportif.

Après la victoire en Coupe de la Ligue, on parle à nouveau d'un quadruplé. Hélas, pas longtemps… En quarts de finale de la Cup, Liverpool est en passe d'éliminer aisément Manchester United à Old Trafford, mais les Red Devils renversent la situation dans les derniers instants. C'était un match que Liverpool aurait dû remporter facilement et une défaite qui fait immensément mal.

Les cicatrices psychologiques se referment lentement et font du tort aux Reds en coupe d'Europe. À Anfield, l'Atalanta anéantit de manière inattendue les espoirs de finale à Dublin en s'imposant avec autorité (3-0). Renverser un déficit de trois buts n'est certainement pas hors de portée d'une équipe de Jürgen Klopp, mais cette fois-ci, au match retour, les Reds quittent la compétition en toute discrétion.

Il ne reste donc plus que le championnat où le club est à la lutte pour le titre avec Arsenal et Manchester City. Mais, alors que la dernière ligne droite est en vue, deux défaites rédhibitoires, à domicile contre Crystal Palace et à Goodison Park, permettent à leurs rivaux de prendre le large.

L'équipe était manifestement à court d'énergie et la saison finit en queue de poisson. Se repose alors la question du timing de l'annonce de Klopp en janvier et de la possibilité d'un impact négatif sur les joueurs. Mais la réalité est qu'il s'agit toujours d'une équipe en transition. Remporter un trophée et assurer confortablement la qualification pour la Ligue des champions est déjà un résultat qui offre des signes d'espoir pour l'avenir.

Le départ imminent de Klopp et la baisse de forme de Liverpool ont évidemment jeté une ombre sur les derniers mois de la saison, mais à l'approche de la dernière journée, chacun repense à la chance d'avoir vécu neuf années avec un manager qui a totalement transformé la destinée du club. Alors que les supporters se

**Ci-dessus :** Jürgen et son staff saluent le kop une dernière fois.

remémorent les bons moments et qu'une multitude d'hommages touchants inondent les réseaux sociaux, les sourires reviennent sur les visages, et les célébrations s'organisent.

La demande de billets pour assister au dernier match de Klopp, contre les Wolves, est presque sans précédent, même si le résultat a peu d'importance. Quoi qu'il arrive, Liverpool terminera troisième du classement, mais il règne ce jour-là une excitation qui n'aurait pu être plus forte que si les Reds avaient disputé ce dernier match avec un espoir de remporter le titre.

Klopp représente beaucoup pour les fans et ils sont venus lui témoigner leur reconnaissance. Les paroles de la bande sonore qui accompagne la vidéo officielle d'adieu du club résument à merveille les sentiments du peuple de Liverpool : « *You To Me Are Everything* » (Tu es tout pour moi). La façon dont il a managé le club, la relation qu'il a créée avec les supporters et la façon dont il a adopté la philosophie de la ville lui vaut une adulation « Shankly-esque ». Depuis le légendaire Écossais, aucun manager de Liverpool n'avait suscité une telle vénération.

Professionnel jusqu'au bout, Klopp s'efforce de minimiser l'importance de l'événement, dans son ultime lettre d'avant-match, publiée dans le programme distribué au stade : « Ce dimanche est, avant tout, un jour de match. Nous ne devons pas perdre cela de vue. Depuis mon arrivée, il y a eu beaucoup, beaucoup de matchs où des tas d'événements se sont produits, mais la règle absolue a toujours été que, du coup d'envoi au coup de sifflet final, nous faisons tout ce que nous pouvons pour

**Ci-dessus à gauche :** Avec Sir Kenny Dalglish et Bill Hogan, John W. Henry offre à Jürgen son cadeau d'adieu.

**Ci-dessus à droite :** Le tableau d'affichage d'Anfield rend hommage à Jürgen Klopp.

proposer le vrai football de Liverpool. Après cela, nous profiterons des célébrations, mais le jeu doit rester la priorité. »

Il avait bien évidement raison à 100 %, mais personne se s'intéresse vraiment au match, pas plus qu'à ceux disputés sur les autres pelouses d'Angleterre. Avant le coup d'envoi, une atmosphère de carnaval envahit les rues autour d'Anfield. À l'intérieur du stade, un immense tifo : « *Danke Jürgen YNWA* » ; des drapeaux et des banderoles en son honneur sont brandis fièrement dans le *kop* au milieu desquels une banderolle se détache. « *Doubters, Believers, Conquerors* » (Sceptiques, Fidèles, Conquérants).

Tout au long du match, les supporters scandent haut et fort le nom de Klopp, tout en puisant dans leur vaste répertoire pour se souvenir des joueurs qui ont joué un rôle clé dans l'incroyable parcours de l'entraîneur au sein du club. À la fin du match, c'est le chant de Klopp qui retentit à nouveau, presque sans discontinuer. La victoire des Reds (2-0) est une bonne façon de conclure un règne qui a dépassé toutes les attentes et qui a offert une collection de trophées que la plupart des clubs ne peuvent qu'envier. Pour la majorité des soixante-et-un mille spectateurs, le coup de sifflet final est une délivrance car il permet de rendre enfin hommage à l'homme qui a exaucé leurs rêves, l'entraîneur de Liverpool qui a remporté le plus de trophées depuis Bob Paisley.

Après un premier hommage aux joueurs et aux membres du staff également en partance, Klopp est accueilli au centre du terrain pour la dernière fois, son équipe forme une haie d'honneur qui l'accueille à sa sortie du tunnel. Les applaudissements augmentent et deviennent assourdissants.

Il se dirige vers l'estrade, son nom est scandé avec vigueur. Le silence se fait sur le terrain quand Klopp s'empare du micro pour prononcer son discours d'adieu tant attendu. « Je suis tellement surpris. Je pensais que j'étais déjà en morceaux, mais ce n'est pas le cas. Je suis tellement heureux que je n'arrive pas à y croire. Je suis heureux de tous vous voir ainsi, de l'ambiance, du match, de faire partie de

« Jürgen a transformé ce club. Il a joué un rôle déterminant dans la mise en place de la structure qui a permis au club de connaître une de ses plus grandes périodes de succès en montrant des qualités rares de leader qui inspirent loyauté et dévouement. Il ne s'est pas contenté de diriger, il a créé une force magnétique qui a attiré les gens dans son orbite et les a poussés à chercher constamment à s'améliorer. Jürgen a immédiatement fait siennes nos attentes pour le club et il a également instantanément compris les liens existant entre l'équipe, ses supporters et la ville de Liverpool. Seule une personne exceptionnelle peut susciter le respect et l'admiration des supporters d'Anfield. Quand je le voyais brandir le poing à la fin de tellement de victoires importantes, je me disais qu'il incarnait à la perfection l'amour, l'enthousiasme et l'émotion du *kop* et de nos supporters dans le monde entier. »

**JOHN W. HENRY,**
ACTIONNAIRE PRINCIPAL, FENWAY SPORTS GROUP

**Ci-dessus :** Haie d'honneur des joueurs pour leur manager.

**Page ci-contre et page suivante :** Derniers adieux.

cette famille. Je suis heureux pour nous, pour la façon dont nous avons célébré cette journée. C'est tout simplement incroyable. Merci beaucoup. »

Devant une foule suspendue à chacun de ses mots, il poursuit : « Les gens m'ont dit qu'ils étaient sceptiques à mon arrivée mais que je les avais convertis en fidèles. Ce n'est pas vrai. Croire n'est pas un sentiment passif : vous devez décider de croire. J'ai juste dit que nous devions. Mais c'est vous qui avez cru. Cela fait une grande différence. Et personne ne vous dit maintenant d'arrêter de croire. Parce que ce club a rarement connu de meilleurs moments. Peut-être même jamais – mais ça, il faut que je demande à Kenny [Dalglish] ! Disons depuis longtemps. Nous avons ce stade magnifique, ce centre d'entraînement magnifique. Nous vous avons, vous, la superpuissance du football mondial. Je suis l'un des vôtres maintenant. Je vous aime à la folie. Sur mon pull, il y *a "Thank you Luv"* e*t "I will never walk alone again".* Merci pour tout ! Vous êtes le meilleur public du monde. Merci ! »

Après avoir quitté la scène sous une nouvelle salve d'applaudissements, Klopp adresse aux fans des quatre tribunes les coups de poing qui sont sa marque de fabrique. Les acclamations, les applaudissements et les chansons s'enchaînent, et les larmes coulent à flots. Une ère glorieuse et inoubliable s'achève à Anfield.

Huit ans, sept mois et onze jours. Quatre cent quatre-vingt-onze matchs, mille trente-cinq buts et deux cent quatre-vingt-dix-neuf victoires. Huit trophées et des souvenirs indélébiles.

Jürgen Klopp, roi du *kop*, nous vous saluons.

I'LL
NEVER
WALK
ALONE
AGAIN
standard chartered
Expedia

Un grand merci à tous les joueurs, entraîneurs et dirigeants, d'hier et d'aujourd'hui, qui ont rendu hommage à Jürgen, et à ceux qui ont permis de réaliser toutes les interviews publiées dans ce livre.

THANK YOU
LUV

# BIBLIOGRAPHIE

*Klopp: As Told By His Rivals* (LFCTV documentary 2024), Liverpoolfc.com

Liverpool FC Matchday programme (2015 to 2024)

*Jürgen Klopp: The Biography*, Elmar Neveling (Ebury Press 2019)

*Allez, Allez, Allez: The Inside Story of the Resurgence of Liverpool FC*, Simon Hughes (Bantam Press 2019)

*Klopp: Bring The Noise*, Raphael Honigstein (Yellow Jersey Press 2019)

*Robbo: Now You're Gonna Believe Us: Our Year, My Story*, Andy Robertson (Reach Sport 2020)

*Believe Us: How Jürgen Klopp transformed Liverpool into title winners*, Melissa Reddy (Harper North 2020)

*Intensity: Inside Liverpool FC*, Pep Lijnders (Reach Sport 2022)

*Red Men Reborn ! A Social History of Liverpool Football Club from John Houlding to Jürgen Klopp*, John Williams (Pitch Publishing 2022)

*Jordan Henderson: The Autobiography* (Michael Joseph 2022)

*I Feel Fine: The Klopp 100 – A Modern Liverpool Love Affair*, Chris McLoughlin & Roy Gilfoyle (Reach Sport 2022)

*Sí Señor: My Liverpool Years*, Roberto Firmino (Quercus 2023)

CARABAO CUP FINAL 2024
WINNERS

L.F.C.

VIRGIL
4
Expedia

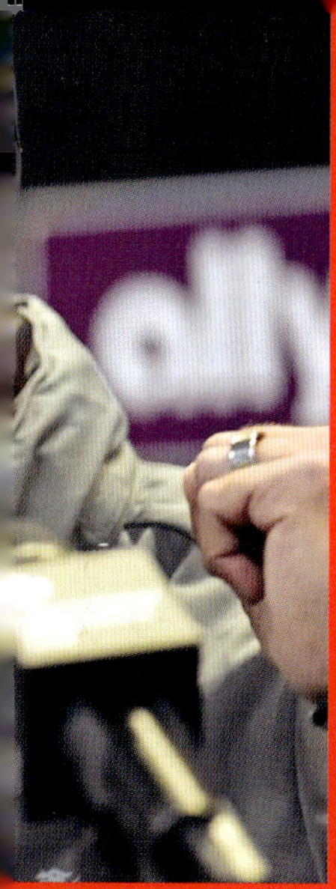
ally

Nikon D4S

L.F.C.
AXA

19